名师名校名校长

凝聚名师共识
回应名师关怀
打造名师品牌
培育名师群体

且行且慢

润泽的师生故事

罗朝英 / 著

中国出版集团　现代出版社

图书在版编目（CIP）数据

且行且慢：润泽的师生故事 / 罗朝英著. — 北京：
现代出版社，2023.3

ISBN 978-7-5231-0223-7

Ⅰ.①且… Ⅱ.①罗… Ⅲ.①教育—随笔—中国—文
集 Ⅳ.①G52-53

中国国家版本馆CIP数据核字（2023）第034978号

且行且慢：润泽的师生故事

作　　者	罗朝英	
责任编辑	窦艳秋	
出版发行	现代出版社	
地　　址	北京市安定门外安华里504号	
邮政编码	100011	
电　　话	010-64267325　64245264	
网　　址	www.1980xd.com	
印　　制	北京政采印刷服务有限公司	
开　　本	710mm×1000mm　1/16	
印　　张	10.5	
字　　数	168千字	
版　　次	2023年3月第1版　　2023年3月第1次印刷	
书　　号	ISBN 978-7-5231-0223-7	
定　　价	58.00元	

慢下来等一等也许人性更唯美

　　学校如同孩子成长的农田，教师如同农田里的农人，孩子如同农田里的庄稼，这里是一个生态农庄。庄稼的成长是因为种子在适合的条件下按照季节慢慢萌芽、生长、结果，这是一个有规律可循的慢的生长、慢的等待、慢的收获。而在教育的农田里，学生的成长也是"慢"的成长，需要适合学生自我生长规律的"慢"教育。从幼儿、童年到青年，孩子的成长都要经历两个发育期——生理发育期和心理发育期，而生理发育期具有它内在的、缓慢的、符合规律的慢成长的"时间表"，因此，生理发育期需要心理发育期放慢脚步，缓慢下来，在每一个成长的节点都慢下来，等一等。

　　孩子需要"慢"的教育，"慢"不仅仅是速度，更是教师精耕细作，按季节和需要"松土、施肥、播种、管理、收获"，这个过程不能打乱；"慢"不是停滞，而是精耕细作后的等待，充满爱、激情、智慧、心无旁骛的等待；"慢"不是放任，而是教师的心理要与孩子的心理同步，教师的灵魂要与孩子的灵魂同频，这是师生同频共振的灵魂相约。

　　"慢"是一种能力，"慢行"更是一种能力。将最急不得的事情慢下来才能浸润成长，这也是对教育的考验。曾经一度，我们走得太快，来不及欣赏教育过程中的那些有关成长的美丽风景，来不及接纳孩子正常而各具特色的需求，来不及解读孩子灵魂深处发出的各种信号，来不及品味孩子创造出来的种种作品，又匆忙地将他们送上新的征程。教育是慢的教育，教育是需要适合孩

1

子灵魂的慢的教育。

"慢"字奇妙无穷，不信你看看！"忄"即"心"——"心心相印"。师生同台共舞，同频共振出"体验·探究·展示"的"生活逻辑"的教育；"日"即"时"——"朝朝暮暮"。师生一起从早到晚，学习、生活、锻炼，共度美好时光，在丰富多彩的校园里修养德行、浸润德性。"罒"即"目"——"寻寻觅觅"。在每日熟悉的风景里去观察、发现、解读、理解和撰写师生共同成长的教育故事，有故事的风景就有了教育性；"又"——"又惊又喜"。三年一届如同人生大餐，我们会惊喜地发现孩子的成长充满了离奇、艰辛、却又突破一个个困难，成长为"有情、有味、有思、有品"的身心健康的孩子。教师依靠"农人""匠人"之品来"育人"，这就是教育该有的样态。

本书将"慢"字分解为四个板块，分别呈现师生的共生、共教、共学、共长的教育故事，以此感谢朝朝暮暮与我共舞的孩子们。

罗朝英

2022年7月23日

目录

第三篇 "罒"——寻寻觅觅

第四篇 "又"——又惊又喜

第一篇

"忄"——心心相印

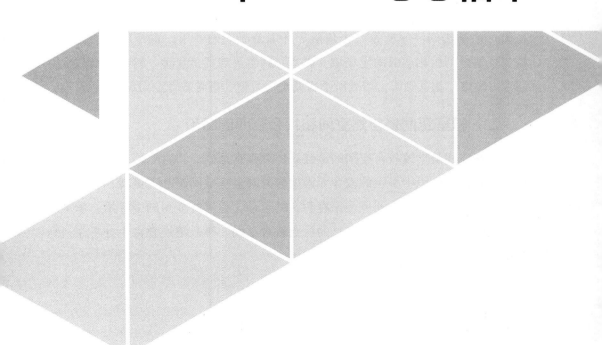

我理想的教室空间

当我走进教室，立刻被一种舒适自在的空间包围，目光所及之处都弥漫着教育的味道，散发着教育的气息，喷涌着教育的力量。在阅读李政涛的《教育与永恒》之后，我知道教室就是我需要微革命的地方，这里应该有它独特的风景。用空间的风景营造教育的永恒，让教育的永恒链接生命的永恒。

一、教室空间具有教育性

教室空间的育人价值在于承载学生的生命成长，并成为影响学生发展的环境力量。它是有形的存在，却拥有许多无形的"育人价值"。教室以四堵墙、一个顶、一条走廊的空间形式而存在。教室空间的形成展示出来的育人内涵却是无形地渗透到空间的每一个角落。环境是凝固的音乐，也是凝固的教育诗篇。教室是师生相遇的固定场域，教室是师生灵魂的栖息地。铃声呼唤师生共同走进教室，相互倾听，带着所学所获走出教室，带着教育走向世界。

二、教室空间是自然空间和社会空间的纽带

教室空间是学校教育空间的最佳载体和存在形式，将自然环境中散发的教育气息和社会环境中凝聚的教育元素融合并在教室空间里和谐流转，转化生成新的教育内涵。教室空间也是家庭教育的延伸，是家庭梦想的中转站、学生筑梦之地，同时吸引着有教育气息的社会教育空间。李政涛说教育无处不在，到处拓展它的疆土，展现它的力量。[1]

---

[1] 李政涛. 教育与永恒［M］. 上海：华东师范大学出版社，2019.

三、教室空间是全息摄影图

《教学勇气：漫步教师心灵》的作者帕克·帕尔默指出："每个学科都像一张全息摄影的照片。"①那那么，每间教室也都像一张全息摄影的照片，"全息摄影图的每个部分都含有整体所拥有的全部信息。拿起全息摄影的任何一部分，你都能完整地重建它"。

布莱克在《天真的预言》中遇见了"看到一粒沙中的世界"的全息影像。在教师的指导下，个体或者群体观察这粒沙中的世界。师生共学学科知识与逻辑，去发现一个个教与学的微观小宇宙，然后去了解整个世界。学科如一粒沙，却是微观小宇宙的起点；教室如一粒沙，却是教育空间的起点。

在教室的全息摄影图中，还可以见到没有围墙的教育，让教育得到开放。春天紫藤花架下的晨读；初夏在火红色的三角梅花丛中的朗诵；栀子花盛开，毕业季传出来的骊歌；走廊上书架前的自主阅读……教室的四周也彰显了教育的魅力。

教室空间的价值在于实用。教室空间的价值通过空间设计的细节来体现与渗透。比如，书架旁的"让阅读成为一种时尚和习惯"，让不同心灵对话不同作者、学科、多样的世界；象牙色的书柜，储存学生用书；在饮水机旁写上"饮水思源"；在门口写上"关灯·关电·关门·关窗"的提示；电脑D盘中储存学科教学资源，F盘中储存学生有兴趣的资源；书桌文化体现小而有序的整理；淡蓝色窗帘边书架上的多肉植物，静态中的生命与色彩；诚信篮子里的红黑双色笔免费取用，使用者自主留下姓名和日期，无须提醒的自觉；教室四周的墙壁上功能区域划分合理，让每一面墙壁都会说话——绘画作品区、手工艺品展示区、荣誉榜、星光大道、新闻报道、班务告示以及家校字画区。教室空间是师生共同成长之家，教室空间里有学生，学生有空间，这些构成了师生关系的核心区。走出教室的师生，从外到内都浸润着教室空间气息的样子。只有良好的、坦诚融洽的、互相尊重的师生关系，才能使教育关系融洽到形成合力，助推生命的成长。教室里的师生共长的气息，难以言传却滋味丰富。汉语元素、数学符号、

---

① 帕克·帕尔默. 教学勇气：漫步教师心灵［M］. 吴国珍，等，译. 上海：华东师范大学出版社，2014.

英文字母、地理属性、物理现象、化学实验，这里各种元素在时空间、师生间穿梭转换成各种可能性。好的教室空间给师生成长带来有着新希望的空间。[①]

四、教室空间是对话的空间

学生与教材、学生与教师、学生与同伴、学生与自己的对话在教室空间里发生。让每一个学生都发声，相互倾听、理解、回应，形成一个个对话的空间。在这个空间，全部对话归结为三个方面：什么是对话（对话的本质和目的）、用什么对话（对话的内容和手段）以及如何对话（对话的方法）。教师催生出一个个学生独特的对话。教室是对话的舞台、思维的舞台、师生共舞的舞台。随着对话的深入不断拓宽、延展，挖掘更深的教育内涵，教育在不同的人与人之间相互转化。在教室空间里让人与人之间的对话成为真实并相互转化，形成更多的可能性。

五、教室空间体现学校的办学理念

学校建筑具有挖掘转化和实现育人价值的功能，体现了建筑个性与人的个性的融合共生，人、物相互映照，互为写照。学校的办学理念是"人皆可以为尧舜"，即人人做最好的自己。将办学理念根植于学生心中，引导学生去做最好的自己，因此最好的教室空间设计是充分尊重挖掘体现学生身心的需求，去实现他个人的价值理念和学校的价值理念。

六、教室空间体现班级文化

在这个特定的空间里有国旗和校训；有体现班级精神文化的班级名称、班徽、班训和格言字画等；有体现制度文化的班规班纪、班干部制度、团员制度和奖励制度；有美·雅·富的环境文化，桌椅、窗、书架、墙、装饰，都篆刻着班徽或学生的名字，如紫萱书柜、文轩阅读走廊、"五关"先生、启航书架、周仪地球仪管理员、宇辰（多）媒体、景妍盆栽；还有凝聚师生创作而生的物质文化，如英语写作班刊、《阅读·觉察·洞见·成长》学生阅读分享文本手册、班

---

① 李政涛.教育与永恒［M］.上海：华东师范大学出版社，2019.

级志愿者卡、家长课堂邀请卡、新年贺卡，以及学生制作的口杯、书袋、书签和钥匙扣等。教室里的"天象"是学生的眼。教室里最重要的是人，人最重要的是内外连接的视野，通过观察学生的眼，让教师的视角面向学生，朝向学生，基于学生。教师因学生的成长和发展而存在、而具有意义，以教师之眼观学生，去发现学生眼中丰富多彩的世界、各具特色的情绪体验。学生的成长便是教育的成长，在成长空间里看教育，成长的方式便是教育需要的方式。

七、教室空间是培养人的空间

你想要培养什么样的人就要把教室设计成相应的样子，它是师生成长的共同之家，一桌一椅一墙一书柜，都透出你想要的那种人的样子。这个空间属于每个人，是师生共同的场域，它能让师生共舞生命的宽度、厚度、长度。丘吉尔说："我们塑造了我们的建筑，而后又为我们的建筑所塑造。"[1]教室空间的最大价值在于能够塑造人。

八、教室空间是剧场

教师和学生作为表演者与观看者的身份角色，在不同的空间纬度里穿梭转化，不同属性的学科教师在授课过程中作为表演者出境，而学生作为观看者出镜，当学生在交流、展示个人思想内心和作品时，他们是真实勇敢的表演者。而教师作为观看者，师生不止为观看而观看，而是作为心灵场域中的一场动人趣事的集观看者、表演者、组织者于一身的教育者。师生原本不变的固定角色，从此有了教育角色交互转换的可能性。

空间不空，人在其中。空间不空，育在其中。[2]

教室不空，师生在其中。教室不空，教育在其中。

① 李政涛.教育与永恒［M］.上海：华东师范大学出版社，2019.

② 同①.

寻找教室里的伟大事物

一、伟大事物是无声的陪伴

我独自站在教室里，穿越教室的过道，慢行。夕阳像一个守财奴似的在最后的一刻藏起它的金色光芒，白昼就这样更加深沉地没入黑暗之中，那一张张桌椅，小主人已经离开它们去餐厅吃晚餐，孤寂的桌椅默默地静立在教室里。教室外突然响起了一个男孩子的歌声，"You raise me up"，他穿过长长的艺术走廊，留下飘扬的歌声，跨过黄昏的静美，他追梦的教室坐落在一丛一丛正在鲜艳绽放的三角梅花丛中、在栀子花丛的后面、在硕壮的桂花树的阴影里。那里有良好的生态，活跃的生命绽放着虫鸣鸟语，草青树绿，童声欢笑，琅琅书声。这里有"伟大事物"留住我的脚步。该下班了，我为何还在静静的教室里慢行？生命的律动与多彩让无声的陪伴更有价值。

二、伟大事物是方寸之间的播种

我在教室的过道上停留了一会儿，看见一张张课桌上的小小世界。铅笔旁边的尺子定是数学课上对世界的丈量；语文书旁边的笔静默地躺着，完成了一次次对世界文字探险之后，休憩时进入甜甜的梦乡；随笔记录本里躺着多少对话自己、对话学科、对话老师、对话父母、对话世界的狂人狂语，不知天高地厚的梦想，不知前行路上的荆棘就这样静静地流淌出来，流淌到自己的未来；规划本工整地摆放在桌角，就像方格子的田地一样，每天要种下哪些种子，何时收获，收获之后有何样的心情，那些如歌的涓涓细语、烦心的抱怨、如哲人般的语言、文艺小清新的希望之歌、自我励志的豪言壮语、朝思暮省的提醒、少年不知愁却偏要愁的愁思愁绪……一角小小的土地，每天种下无数的心愿。

随笔记录本的作用就是收集心愿，心愿就是记录中的"伟大事物"。帕克·帕尔默指出："真正的共同体的力量——在共同体中我们自己的工作日程有时会被伟大事物的魅力抢尽了风头。"①难怪每天除了教学，我最想做的就是去阅读学生的随笔，它不是我的常规工作，却深深地吸引着我，让我着迷。有时候，学生没有及时将随笔记录本送到办公室，我的内心会有一种失落。当"伟大事物"暂时消失时，我就会陷入一种"失落"，这样的感觉是不是就是帕克·帕尔默先生所描述的"偏离"呢？

三、伟大事物是生命成长之乐

我继续在桌椅之间走走停停，眼睛扫描着每一张桌椅，唯有这个时候，教室里才是安静而空旷的，没有人可以打扰我的思绪。虽没有学生，却有无数的画面涌入我的脑海，与我对话。此刻，黑沉沉的夜逐渐展开在我的面前，用它的夜色拥抱着无数的教室。在那些教室里，有着桌椅和书本、教师们的守望和夜晚的灯，还有年轻的生命，他们满心喜悦，却浑然不知这样的欢乐对于世界的价值、对于生命的价值、对于教育的价值、对于成长的价值、对于我脚下的教室空间的价值。没有他们，哪有我的存在，哪有教育的存在，哪有一丛一丛三角梅花丛中的欢乐，哪有夕阳西下时对我们的眷恋。因此，我所热爱的学生的"生命成长的欢乐"就是"伟大事物"。帕克·帕尔默指出："一个人不可能从别的生命里得知连自己生命里都不认识的事物。"②

四、伟大事物是有形无形的论争

我继续在桌椅之间走走停停，眼睛扫描着每一张桌椅，扫出一幅幅鲜活的画面：一群学生接受了男孩皓东的观点，他用手瞄准黑板发射出一颗幸福的子弹，子弹里装载着希望。女孩培艳在一场洋洋洒洒的辩论后对自己慢慢有了自信，她的旁边有仰望的眼神、疑惑的表情、赞许的微笑、略略的沉思、暗地里的挑战、不屑的表情，还有大胆的反驳："我认为可以从这个角度来

---

① 帕克·帕尔默. 教学勇气：漫步教师心灵［M］. 吴国珍，等，译. 上海：华东师范大学出版社，2014.

② 同①.

解释这个问题，同学们请看到第四行第二句话中的……"更有同学砰地站起来："这个观点有四个信息点支撑，第一看时间，第二看动词，第三看上下文语境，第四看空格前后的信息及意义。"哗然，掌声，狂叫："阅读可以这样啊！""寻找关键词句还可以这样啊！""我怎么没有想到呢！""我只有两个点位！""难怪考试要丢分！""学霸思维就是全面！""我要把钢笔变成扫雷仪，像扫除地雷一样扫描信息点！"

画面感突然让我意识到这里的观点与信息点的论争就是"伟大事物"，它是学生永远聚焦在它周围的主体，不是研究这些主体的学科，也不是关于它们的课本或解释它们的理论，而是这些被视为主体的事物本身。[①]这里不是英语学科的讨论，不是教材或者解释英语现象的理论，而是观点与信息支撑点论争的本身。它引领着学生去寻找论争路上的风景，让学生产生质疑和信仰，进而有那么多反思性的感叹，它是一种具有强大驱动力的无形的存在。

五、伟大事物是师生共学共探的课堂

我常常静静地坐在教室的后面观摩除英语之外的所有课堂。我发现了学生一个很重要的需求：期待教师用课堂将自己引领到一个比自己现有的经验更丰富和自我世界更大的世界中，而这个世界能够拓展他们的认知界限，突破他们认识世界的宽度和深度。有人认为，音乐课上的歌声、体育课上的锻炼、语文课中的阅读、数学课中的计算、物理课中的现象、英语课中的语言就是课堂的全部，就是学生需要的主体，但是这些无法满足学生的课堂需求。真正能够满足学生的课堂是以"主体"为中心的课堂，学生围绕"主体"展开"求真、求实、求新、求发展"的探究、展示、推倒、再探究、再展示、再推倒的学习过程，这不是一首歌、一项运动、一篇文章、一次计算、一个现象能够承载的，而是有一种无法用语言和感觉表达出来的力量推动师生趣味十足、生动活泼、有声有色甚至严肃认真地致力于课堂，这是一种超越自我的力量，引发师生产生无穷的奇妙的想法和做法。这就是我脑子里的"伟大事物"的力量吗？这就

[①] 帕克·帕尔默.教学勇气：漫步教师心灵［M］.吴国珍，等，译.上海：华东师范大学出版社，2014.

是帕克·帕尔默笔下的伟大事物吗？

"在真正的共同体模式中，课堂上教师和学生同时专注一件伟大事物，在这样的课堂上，关注主体，让主体——不是教师或学生——成为我们专注的焦点，以教师为中心和以学生为中心教育的最优特质获得了融合和超验升华"①

---

① 帕克·帕尔默. 教学勇气：漫步教师心灵［M］. 吴国珍，等，译. 上海：华东师范大学出版社，2014.

寻找"圆形的、互动的、动态的"共同体

一、徘徊在共同体之外的思考

《教学勇气：漫步教师心灵》："真正的共同体绝对不是线性的、静态的、分等级的，而是圆形的、互动的、动态的。"①

我一直在思考这个问题，平时我们的教学中形成的学生、教材、教师的关系，看似一个五彩斑斓的共同体，但是总有一种不能满足内心需求的感觉。我们的课堂是否拥有更多线性的师生关系，没有思维的、静态的、让师生都不得不接受的结合体，甚至在这个结合体中还会因为学生的成绩和表现形成一个个等级观念很强的小团体呢？每当想到这里，我的内心就会萌生出一种寻找的念头，在寻找中去检索自己一次次的课堂，才发现"我"就是导致非真实共同体的推手，却还在美其名曰地标榜着自己在寻找帕尔默教授笔下的"真正的共同体"——"圆形的、互动的、动态的"。

二、朝思暮省寻找它的踪迹

当发现问题是出在我这个教师的身上时，我内心的愧疚和纠结一次次地鞭策我去反省、改变和再次回头寻找。曾经我将时间和空间拽得太紧，害怕给学生多一点，害怕他们太自由而影响了纪律；曾经我将话语权拽得太紧，使"一

---

① 帕克·帕尔默.教学勇气：漫步教师心灵［M］.吴国珍，等，译.上海：华东师范大学出版社，2014.

言堂"成为主流，让学生静态地听课，而失去了互动环节。每一次的反省和思考都是一次重生。我的重生就在《教学勇气：漫步教师心灵》的阅读中。这个过程是不是在寻找教师的自身认同和完整呢？

有了新的认知之后，我开始放手了。记得我临时代替一位教师走进他的班级，那一节课给我留下了深刻难忘的印象。陌生的学生，七嘴八舌地与我交流，谈论教材中的话题，我很放松地听他们说话，抛出问题去引导他们，我们之间的交流氛围很好，坦诚、自然。我的内心被周围学生的提问和讨论激活了，感到心中的暖流。如果我自己的学生也是这样该多好！我的学生可以这样优秀吗？他们也能够放开自己形成交流的态势吗？记得那一节课，我几乎没有翻阅书籍，所有的内容都在我的心中、在我们的言谈中、在我们的交际氛围中。是学生让我感知到了课堂互动交流的多线型，像一个很大的磁场，来自各个方向的交流都在绽放着光芒。陌生的学生和陌生的教师形成了互动模式，我们沉浸在课堂的愉悦中，这是非常了不起的一节课和一个感知。一节课沐浴在圆形的、互动的、动态的氛围中，以思想为基底，让我感受到了一个了不起的共同体。

我默默地思考着，回到自己的班级，将这次非同一般的经历告诉了我的学生，他们惊讶地看着我，听我描绘那让我激动不已的课堂，他们是不是也在思索：我们是不是也可以这样呢？从那天起，我决定改变自己，在自己的课堂中建立"共同体课堂模式"。从此，共同体课堂教学模式便成为我追逐的最高目标，也许这就是帕克·帕尔默所说的伟大事物。

"当我们试图去了解真正的共同体的主体时，我们就展开各种复杂的沟通——分享观察和释义，互相纠正和补充，一时因争论而分开，但接着又因达成了共识而结合。"①这样的课堂才是我想要的，才是学生应该享受的，才是教与学最基本的课堂。基于这样的课堂，我们才可以走出唯客观事物认知的纯知识性灌输的课堂，走出以教师为中心的课堂，走向以学生为中心的课堂，最后走向以"主体"为中心的共同体的课堂。在这里，我似乎开始理解帕克·帕

---

① 帕克·帕尔默.教学勇气：漫步教师心灵［M］.吴国珍，等，译.上海：华东师范大学出版社，2014.

尔默笔下的"以主体为中心的教育是将教育置身于共同体中"。

在我的课堂中，我一次次地领着学生去体验这样的感觉，去觉察不同形式的沟通，在不同层次的学生中通过各种形式的观察分享交流来促进彼此的融合性学习。不难发现学生的争论会激起热烈的讨论或者争执，甚至会闹到教师面前等待裁决，这个时候的教师所持有的态度对学生起着决定性的作用，接受、讨论、释疑、探索成了我和学生之间的主流沟通及达成共识的方式。我发现一群平时不靠近我的女生不断走上讲台，三五个围着我，问题、求解、查阅资料、相互讲解寻找答案，整个过程轻松愉快，融入了学生的倾听、笔记、提问和彼此的鼓励。我在思考，是不是我先前和其他学生之间建立起来的共同体氛围影响了这样一群女孩，她们也在一两次的试探中寻找到了自信和教师的底线，进而建立起了自己的认知，觉察到和教师的交流是形成真正的共同体的主要源泉。

三、论争的出现

当我持欢迎态度接纳学生时，我才发现，论争成为共同体的主体，而周围的学生成为一个个客观存在的客体。当我们将"学习"看成主体时，学生就不会疏远它；学生就在关系中，并通过关系来认识主体"学习"。常常在新的领域中探索学习时，学生会忽略掉固有的礼仪，捧着词典、参考书、与某领域知识相关的学科教学书坦然走上讲台，向我解释他们的发现、理由和看法。当其他学生看到走上讲台学生的做法时，他们会立刻翻阅书、找寻词典，还不停地说："我在哪里见过这样的信息，我们一起找一找。""原来在地理书上有英语课需要的资料。""他们发现了，我怎么没有发现。""我也找到了词典上的相关说法。""老师，看看我的资源。"甚至还有孩子不甘心，会索要我的手机，让我网络查询比较一下词典、参考书、其他教材和网络上的信息，是否可以看到彼此的关联和差距。还会看到有同学用质疑的眼神看着同伴，同伴也用质疑的眼神等待着我的结论性的总结。我看到了比教师教学更为重要的学生学习的过程，在共同体成员的带动下，蕴藏在学生中的知识再次得到释放，而相互学习、质疑、寻根究底成为课堂的焦点，因此，真实的学习发生了，推动一轮又一轮的探究。这是一种多么奇妙的感觉。我如获至宝地接受着这一次次的收获。

　　"真理是怀着激情和原则就重要事物进行的永恒对话。"①就我个人的理解，这里的重要事物就是"学习"，永恒对话就是师生怀着激情和原则进行的交流。我突然发现，"共同体课堂模式"不再那么神秘莫测了，而在我未来的教学中，一定会建立起"真正的共同体"。这才是学生需要的学习空间，这就是课堂教与学中那看不见、摸不着的"伟大事物"。

---

① 帕克·帕尔默.教学勇气：漫步教师心灵［M］.吴国珍，等，译.上海：华东师范大学出版社，2014.

用亲切来款待学生的错误

学习空间应该有足够的位置容纳一些个人的小故事、容纳学生个人的体验、容纳心灵导师发挥了作用的故事。①

一、觉知学生的错误

课堂学习空间需要容纳下学生们的琐碎的"小故事"，尤其是那些犯错的"小故事"，因为这些故事充满了困惑、艰难、幽默、灵气或者忧伤、挫败感。故事虽小，却是学生中真实发生的，是伴随着成长而出现的。

英语课上，自由而主动的提问时间交给学生后，学生仔细阅读主题图，提取图中的信息，结合自己对未知内容的预测，开始了头脑风暴般的提问。男女生互不相让。轮到兰优来回答同学的提问了。她习惯性的"嗯"让同学们早就了解她的套路，自然不介意她的结巴。她"嗯"了五次后，说出了第一个句子，并且句子中间还有"嗯"，夹杂着两个语法错误，随即她又否定了自己的答案。吞吞吐吐地说出另一个句子，随即又羞涩地否定了句子，里面也有两个明显的错误。我微笑着看着她，没有阻止她，学生的瞬间不安在我淡定的态度中也消失了。紧接着，她说出第三个句子，依旧是错误的，她急切地自我纠错。我知道她会说好的，只是时间问题。最后她终于将同样含义的句子正确地表达出来了。没想到，当正确答案出来的瞬间，同学们给予她热烈的掌声。她笑着说："我知道问题的答案，就是紧张，不停地在表达中颠来倒去

---

① 帕克·帕尔默. 教学勇气：漫步教师心灵［M］. 吴国珍，等，译. 上海：华东师范大学出版社，2014.

地犯错误，今天的错误算是犯够了，谢谢老师和同学们的等待。"又是一次热烈的掌声。

二、寻找价值观的交汇点

课堂上学生犯错是正常的，但是学生常常不会将它视为正常的，私下议论或者嘲笑他人的情况时有出现。针对兰优的问题，我需要做点什么。

我转向同学们，停下教学环节，提出了第一个开放性的问题："在课堂交流中，如何克服紧张情绪？"学生们又开始了一场讨论，表达了自己的观点。认真倾听、专注思考、抓住关键词、主动举手、勇敢表达，用积极的心态来面对同学和老师的提问，可以克服自己的紧张，同样地，可以用充分的准备来融入师生提问转移紧张情绪，让听觉、视觉和触觉成为当时的一种优势体验。学生从自身出发谈及的感受具体而直击要点。然后我提出了第二个问题：

"那么面对紧张的同学，作为听众的自己如何做？"

"只要专注地听同学的表达，就可以听懂一些内容。"超笑嘻嘻地说。我真的理解他的心里话。

"安静听、捕捉关键信息。安静的环境可以让说者放松、自由表达，让听者听清楚。"翼认真地说。

"倾听，调动各方器官听说者的内容、语言的表达，观察说者的表情，思考说者的话题。"恒大方而主动，坦诚的眼睛一直注视着老师。

"我们除了认真听之外，要注意自己的眼神、表情和不经意流露出来的评价。比如，笑声、唏嘘声、突发的表达等，这些会干扰说者的思维和情绪。有时候，说者听到这些会误以为是嘲笑而更加紧张，致使情绪迅速达到临界点，并终止自己的发言，泄气而丧失信心。"皓缓慢地说出了自己的想法。他就是那个经常被笑声止步的孩子。当他说出自己表达的时候，脸涨得通红，其他同学安静下来。我迅速地扫描了全班，用眼神暗示了几个收不住笑，喜欢中途打断别人讲话的孩子。这是一种真实语境中的暗示。

"同学们，今天兰优回答问题时，你们做了什么？"深入的讨论建立在真实的教育环境中，因为已经遇见了这样真实的话题，我不得不停下脚步，继续深挖学生的思考。

学生在我的引领下，看到了自己的优点，那就是在倾听中发现了她的错误，但是没有用语言指出来，而是善意的微笑；在发现她的不足时，接受比指责性的评价更好；他们没有起哄而是耐心地听下去，直到得到正确答案，用耐心换得了兰优的自信。学生的分析有道理，我直接肯定了他们的观点，并鼓励他们继续给予其他同学同样的待遇，因为他们自己也会遇到这样的情况。

三、关注教师的示范引领

我一直在思考一个问题，那就是课堂中教师组织教学时所表现出来的态度对学生的影响力。当我倾听兰优的回答时，我的态度在哪里？对学生的导向是什么？教师的态度就是学生的风向标。教师若用接受来款待学生，他们就心生宽容；教师若用挑剔来指责学生，他们就眼溢挑剔。

我提出了最后一个问题："同学们，今天老师做得如何呢？你们也评价一下我的表现吧。"我微笑着看着大家。"今天老师耐心等待，微笑着看着她，亲切而让人放松，接受了兰优的语法错误，没有打断她，让她自己反复地在错误中寻找到节奏和答案。"他们的表扬和评价让我很开心。的确，我是一个急躁的老师，总是希望学生的解答可以和我预设的答案一致，遇到结巴、表达困难的学生总是催促，不停地用眼神和语言来刺激他们而导致更加严重的紧张，甚至会导致师生的不愉快。我想，很多老师也会遇到这样的场面，虽然原因众多，但是这样不利于教与学的实施。

四、探索错误背后的美学

学生的话引起了我的反省，"兰优之问"带来的思考："如何引导学生正确面对课堂交流中的紧张情绪？"学生的"自我审视"引发学生的思考："如何在真实的交流环境中去做一个智慧的听众"。学生的"教师评价"激发我的思考："课堂教学的组织者如何面对学生交流中的紧张情绪？"面对问题，我问道《教学勇气：漫步教师心灵》，继续和帕克·帕尔默的观点碰撞对话，寻找源自心灵的教学。

《教学勇气：漫步教师心灵》整体把握悖论的立足点在教师的心里，我们无力去把握它不是因为技巧的缺乏，而是因为我们内在生命的缺失。如果我们想在悖论的力量下教与学，必须接受心灵的再教育。[①]

师生课堂的交流空间是在边界中的开放、在愉快中的紧张。回答问题的学生、听的学生、教师组成课堂交流的环境。教室里宜人的交流环境不仅需要我们礼貌而关切地对待学生，还需要我们去引领学生进行交流并学会接受、分析、善待交流中遇见的各种小故事，在自我的思考中去领悟。好的教师不仅是在课堂上完成教学的流程，用知识来款待学生，还要想方设法地领着学生正确面对突发的各种故事和事故。课后，我和兰优的一场对话让我再次反思，这一次的暂停教学是有价值的。她将先后说出来的四个句子写下来，并勾画出其中的错误，一一讲给我听，她语言流畅、归因正确、表达自如、满眼自信。我相信此时的她获得了知识，也丰收了错误和紧张背后的美好。

我最爱的一句话："课堂的许多错误都是美丽的。"它们肩负着对知识的再审视和对人的再教育的使命，所以师生要善待教与学中的错误。这些错误虽然小，但是却伴随着学生的成长，在他们的价值观形成过程中，对与错、是与非是在各种故事中展示出来的，等待教师、家庭、社会的正面引领。

---

① 帕克·帕尔默. 教学勇气：漫步教师心灵［M］. 吴国珍，等，译. 上海：华东师范大学出版社，2014.

转化课堂中的恐惧

　　帕克·帕尔默教授这样描述学生的恐惧："凭我自己的经验，我应该都记得，学生也是害怕的，害怕失败，害怕不懂，害怕被拖进他们想回避的问题中，害怕暴露了他们的无知，或者他们的偏见受到挑战，害怕在同学面前显得自己愚蠢，当学生的恐惧和我的恐惧混合在一起时，恐惧以几何级数递增——这样教育就瘫痪了。"①

　　当我第一次中途接到现在的班级时，我总是以满腔的热情和积极的态度投入工作中，教室是我一整天待的时间最长的地方，我和学生在一起，了解学生的学习状态、生活理念、交往情况以及种种我不了解的他们的过去。我发现他们有很多困惑，害怕与我这个新班主任说话，聊天的时候总是回避，而且不能够说得彻底。我知道我们之间有一堵墙，而这堵墙就是我们之间伤害、恐惧的发源地。当他们的恐惧和我的恐惧混合在一起又不能够及时消除的时候，班级和课堂的教学就会瘫痪。

一、立足课堂发现和聚焦问题

　　英语课堂是我最享受的时光，遇见他们也依旧不能够挥洒自如。他们的听课状态直接影响了我的情绪。有一天，提问一个女孩，问题并不难，我用英语提问，她是可以用英语回答的，但她保持沉默，低垂着头，头发垂下，我看不到她的眼睛，我们没有眼神和表情的互动。这个时候的沉默不是金，而是诱发

---

① 帕克·帕尔默. 教学勇气：漫步教师心灵［M］. 吴国珍，等，译. 上海：华东师范大学出版社，2014.

课堂问题的定时炸弹。我等待着，同学们看着她，我害怕她没有听懂，又重复了两遍，她依旧是低头、沉默。然后我用中文提出问题，她依旧是老样子。同学们在提醒她，她就是没有一点变化。我心里非常害怕、恐惧。整个人被课堂的气氛包裹了，但是我竭力控制自己，示意她坐下，一个很机灵的男孩主动用英语大方地了结了这个问题，也了结了我的课堂。课堂依旧在继续，可是我的内心被刺了一样，不能平静，在这个几乎被毁掉的课堂，我体会到了——恐惧以几何级数递增，这样教育就瘫痪了的真实情景。我要知道这个女孩的内心。但是我并没有急于去找她，而是在等待机会。

二、寻找合适的契机进行心灵引导

一次运动会上，她没有项目，坐在看台上看书，我走过去挨着她坐下，试探着与她聊天。那天她很给我面子，大方而且坦率，这就让我更加惊讶了。难道中学生的两面性处处都可以表现得那样突出吗？当聊天涉及我们的课堂，她笑着对我说："对不起。"我微笑地看着她，听她讲。她说当自己站起来面对教师的提问和同学们的眼神时，脑袋里一片空白，听不见老师的问题，也没有办法思考问题，内心充满了恐惧，害怕回答错误，害怕老师批评，更害怕同学的笑话。她认为沉默也许是保护自己最好的办法，至少老师和同学们并不清楚自己的底细，自己什么也不说，也许老师和同学们就会认为她仅仅是因胆怯、恐惧才不回答问题的，而并不是对知识的不懂。我明白了，她的沉默虽然缘于内心的恐惧，但是她却把它视作保护自己的方式，就像一个厚厚的茧一样，保护着她。这个保护比课堂的沉默更可怕、更令人恐惧。

在课堂里总有孩子借助沉默来掩盖自己的无知、精力不集中以及对周围评价的恐惧，我们不知道。是不是每个孩子都这样的幸运，在事后还可以与老师沟通，也不知道教学的进度和节奏像打仗一样快，教育是不是忽略了很多不为人知的东西？

三、优选活动促进恐惧的转化

帕克·帕尔默说："现实中我们可以见到病态的恐惧，但是恐惧也可以是健康的，记住这一点很重要。如果我们懂得怎样去破解恐惧，恐惧就能帮助我们生存，甚至帮助我们学习和成长。"[1]

为了解决问题，我在班级里开启了每日英语表演活动，时间5分钟，两个小组，每组六人，一周一个轮回，无论成绩好坏、能力大小，都要参与，开口说英语，使用课堂中的目标语言和交流中的肢体语言，在真实语境中进行沟通和交流。其过程如下：

（1）设计对话语境，小组讨论通过，倡导真实语境中的对话交流，聚焦现实生活。

（2）对话主题可选择生活气息浓烈的话题或者改编教材中的话题，如留守儿童等。

（3）小组参与为主要形式，角色分配、语言组织、解读人物性格、活灵活现表现人物。

（4）相互学习，共同进步。有能力强的孩子脱颖而出，引领表率，其余的慢慢适应，逐渐克服自己的心理障碍，从胆怯、内向、恐惧到慢慢释放自己。

（5）采用现场评价，鼓励互评，指出优点并提出改进意见，学生很在乎同伴的引领。

（6）与自己对话，记录心情日记，寻找自我认同和完整，从而确立信心。

一年半的表演给孩子们带来了很多的福利。如今的课堂其乐融融、沟通自如，那个女孩，那些类似她的女孩和男孩，自信、阳光、爱英语、爱课堂了。在每次的准备期间，我鼓励学生遇见真实的自己，克服羞怯，在众人面前说出一句英语，就是脸红心跳也要做出一个表情，跨越小组中层级的差异，实现小组的讨论与合作，哪怕众人都反对，也要坚持在台上表演。他们丢弃了保护自己的外壳，不再像刺猬一样躲在舒适区里，慢慢用展示来提升自己，内心的充盈为他们由内而外地释放、展示、表达、远离恐惧奠定了基础。在他们初中毕业后的第二年，也就是高二，高中部举办了校园英语戏剧节，作为初中部的教师嘉宾，我出席了戏剧节。全场12个节目，有7个节目中有这一群孩子。他们拥有令人仰望的表演天赋、流畅自信的英语表达和对剧情的英语解读。当我和他

---

[1] 帕克·帕尔默. 教学勇气：漫步教师心灵［M］. 吴国珍，等，译. 上海：华东师范大学出版社，2014.

们一起站在领奖台上的时候，我们激动地拥抱在一起。

四、小结

恐惧的产生在所难免，我们要看到恐惧的存在，但是不能被恐惧左右，沉迷于恐惧的情绪中，善待恐惧也许就是解决问题的办法。因为我们可以将病态的恐惧转化成健康的，从而促进我们的思考，帮助我们解决问题。

帕克·帕尔默说："我们能通过解读恐惧，用自我知识的力量去克服种种分离性结构。我们和分离的结构连成一气，因为分离的结构承诺可以保护我们对抗人类内心深处的恐惧之——恐惧和义气的他者直接相对，不管他者是学生、同事、学科，还是一种内心自我矛盾的声音。我们恐惧遭遇他者可以自由地成为他自己的情景，恐惧直面他者说出他真实的心声，恐惧面对他者向我直白我可能不希望听到的实话。我们想要的是符合我们开出条件的相遇，以便我们能够控制其结果，以便它们不会威胁到我们关于世界和自我的观点。"[1]

如果一个教师能够"静下心来教书，潜下心来育人"，用心去面对各种来自学生、同事、学科和自己内心的恐惧与自我矛盾的声音，我们就不会害怕学生成为他们需求和愿望中的自己，因为他们才是自己成长的主宰；我们也不会害怕听到来自学生和同事的真实的声音，任何评论都基于他人对我们的了解，那些我们不愿意听到的大实话也许伤人，令我们难受，但那有可能就是距离事实最近的东西。事实上，我们的内心也在本能地保护我们，像上面的那个女孩一样，用沉默来掩饰心中的不真实，就是害怕自己预期的相遇、想要的结果和答案受到他人的威胁。帕克·帕尔默教授多年来的研究真是一针见血地指出了我们存在的病态的恐惧。这个现象很普遍，但也不是不可破解的。

我恐惧我的学生不能够脱离母语听懂我的教学，这样很糟糕，这种恐惧或许不是一种失败的信号，而是引起我关注我的教学技艺，通过调整自己课堂组织教学的模式、课堂用语指令的简洁准确，让学生在第一时间捕捉到我的要求，师生配合完善课堂，这就是恐惧的幻化；我恐惧学生谈早恋，不能够随意

[1] 帕克·帕尔默.教学勇气：漫步教师心灵［M］.吴国珍，等，译.上海：华东师范大学出版社，2014.

21

在学生面前提及，这个恐惧或许不是警告我逃避这个话题，而是发出一个信号，我必须注意这个话题，用适当的方式去引导学生珍惜、理解真正的友情，选择性与异性交往并保持良好的人际关系，有正确的性别取向；我恐惧在那危机四伏的个人和公众交接处教学，这种恐惧或许不是懦弱胆小，而是坚定了我的信心，去冒这个凡出色教学都需要的风险。为此，我不断读书，阅读对教学有用的书籍，刷新和改变教学理念，在教学中植入尊重学生身心发展需求的内容，让教学为学生的学习和身心发展服务。通过一次次的试验和信息数据比对，我收获了探索的幸福。

生命需要什么?

师问:"生命需要什么?"

生答:"孕育。"

父母生命的相遇产生新的生命。我们是父母生命之爱的结晶。教育与生命相遇,教育从知识的传授变成了生命的交响乐,拓展了生命的宽度、长度、厚度,从此便有了宏大的乐章。没有生命的教育,犹如一潭死水,孕育不出新的生命。

师问:"生命需要什么?"

生答:"空气、水、食物。"

它们是维持生命最基本的元素,满足生命运行之需,缺失其中一样,生命将不复存在。教育遇上空气,犹如上了信息化高速,可以与世界同呼吸、共命运;教育遇上水,奏响生命之歌,承载生命一路浩浩荡荡奔向远方;教育离不开食物,有生命的教育必须有养料才可以让生命璀璨。教育的空气是氛围,教育的水是信仰,教育的食物是知识,教育的自然生态由此形成。

师问:"生命需要什么?"

生答:"家!"

家里有衣食住行的必需品。家里有安全感。教育有了家也就有了安全感,学生、教师在家里享受教育,教育便有了温度、感情。教育开启一场场亲情式的相遇、尊重式的相遇、赋予价值的相遇、负责任的相遇、信仰式的相遇。①

师问:"生命品质需要什么?"

---

① 蒋开君.走近范梅南［M］.北京:北京师范大学出版社,2014.

生答："学习、工作、交往、朋友、爱好、环境。"

生命品质在其中形成，产生更加高贵的品质。不同的人在不同的时期不同的事情上展现不同的品质。教育有了品质，便从知识世界回归到生活世界，再回归到事情的本身，回归原点，教育不再是一场场作秀。

师问："生命价值需要什么？"

生答："学习、理想、事业、追求、梦想、实现、超越。"

生命价值在于跳出生物性的自我，超越自我，与生命中的他我携手创造服务于更多生命的价值，实现自我和他我的融合，让更多的生命受益。教育有了价值，就能撼动接受教育的生命体谱写生命的华章，追寻生命存在的真理。

选择

晚餐与朋友一起聚会，很长时间都没有这样聚会过了。到了聚会的地点，发现所有的一切和校园里都不一样，一个朋友很诧异地问我：最近你在干什么，一直没有看见你，也没有看见你晒摄影的照片，更没有发现你旅行的踪迹，微信朋友圈里没有你服装设计的图片。你一个人在秘密地做些什么事呢？不见你的人，也不见你的作品，我们真的很想知道你在干什么。

朋友一连串的问题真的把我给问住了，是啊，我曾经那么热爱的旅游、摄影、写作、服装设计都不见了。那些都是我挚爱的事情，我曾经发誓，我要用生命去维护它们，怎么它们都悄悄地远离了我？可是我却从来没有感觉到孤独，而没有孤单的感觉是一种什么样的感觉？每天一个人上班，我行我素，独来独往。我的生活突然发生了变化。这些其他人都看到了，我却仿佛没有发现。我仔细地回想，的确我的生活已经发生了彻底的变化。

每天从早上6点半到晚上的八九点甚至11点，我的脑子里装的全是学生、教学。只要一到了学校就有做不完的事，也许有人认为单纯做一名英语老师或者做一名班主任，对我来说很容易，但是我却发现要做好这些事，非常不容易。我最大的发现是：仿佛有一个"伟大事物"一直在牵引着我不断去探索、去付出，把所有时间都用在上面，我居然放弃了我所有的爱好，可想这个"伟大事物"对我的吸引力有多大。

我无法说出原因，只要看见学生，我就"满血复活"，仿佛人世间最美的事情都在我的身上。我和学生一起欢笑、经历每堂课的精彩、定格每次活动的瞬间，我们一起探讨，做那些从来没有做过的事，说那些从来没有说过的话，想着那些没有过的梦想。只要看到学生，我的内心就充满了活力，仿佛自己年轻了许多。和年轻的生命在一起，生命又多了许多活力和幻想。

北京师范大学的吴国珍教授曾经在交流中问我："如果让你重新选择，在服装设计和教育之间选择哪一个？服装设计可以给你带来无尽的财富，而教育只能养活你，给你带来平凡的人生。"我毫不犹豫地回答她："我要选择做教育。"这就是我的选择，而我的目标越来越清晰，前方的路越来越宽阔，我甚至每天都在想，我就是为学生而来，我就是为教育而来，我的选择将会让我无怨无悔。

我带着这样的选择，游走于书房、校园和教室之间，接受着来自书本的教育，再去教育学生。带着过去、当今、未来时代的气息和着我的理想一起奔向学生，让它在教室里面散发着芬芳。

前一段时间的迷茫已经渐渐走出迷雾，越来越清晰，我知道做教育和学生在一起就是生命之间的相互撼动。而在相互影响的过程中，我会更加关注学生人格尊严、能力发展、智慧生存，真正去体验德智体美劳"五育并举"的教育之美。

朋友们的一席问话帮我厘清了理想，带我走出了迷雾，从此我将走上自己所热爱的道路，一路往前，无论前方是诗歌还是险峰，处处都有风景。教育的过程就是自我教育的过程，也是育他的过程。让学生成长的同时自己也在成长。

尊重学生的现实之困

一、遇见教育之苦

教育的苦痛源自无法将书本上的知识全部无条件地装进学生的大脑中，源自学生无法完全和课堂教学连接形成互动交流的场域，源自学生无休止的调皮、捣蛋和他们认为的个性释放，源自同事、家长和社会的误解与评价，还源自用心的教育却徒劳无功。很多教师因此受困、受伤、受挫，放弃对教育的坚守。

多少年的尝试促进我反思，我最终在不同的案例中看到了转机。尊重学生的现实之困，才是尊重成长的现实；尊重成长的现实，才能尊重生命的现实。

二、遇见学生现实之困

学生放弃学习英语，今天学明天忘记，听不懂课，恐惧、逆反、拒绝配合教师，师生关系对立。他们对周围的世界都充满了强烈的认知欲望，他们总是能够观察到学习以外的很多事情，却唯独对英语不感兴趣，拒绝学习并放弃最基础的学习。这是现实之困。

作为英语老师，我和班主任又不甘心放弃任何一个孩子。我利用课余时间帮助他们，教他们识别单词，然后用单词来造短语句子。他们在我的面前都会读了，一个晚上之后又全都忘记了。我曾无数次怀疑他们是不是在故意捉弄我，或者是完全拒绝的态度，但是从他们的表情和当时的状况来看，似乎我的判断又错了。我告诉他们以后不听写单词，只要他们能够读出来，能够将单词一个个串成句子，对图片进行简单的识别，而且能够用英语表达出来就行了。但是他们告诉我，只要离开我的帮助，他们就一窍不通，完全无法识别这些单词，好像这些单词都是天外来客。教育之困在于一个人面对此时此刻他们所表现出来的愚钝、愚笨，毫无效果，是我的方法错了还是别的原因？反思中一个声音在响起：不要放弃、不敢放弃、不甘放弃。

三、遇见学生兴趣需求

我开始从外围去了解他们，我发现女孩欣宇喜欢国画，洛毅喜欢阅读小说，超超喜欢日语，小兰喜欢讲故事。每当他们做这些时，专注、认真、富有情趣、很有成就感。在多次征求家长意见后，我和他们开启了一次新的探索之旅。假如尝试满足他们的愿望，会不会有逆转呢？我给欣宇买回了绘画册，洛毅挑选了初中阶段必看的经典小说，我同意超超学习日语，建议小兰阅读名著并写自己的成长故事，四个孩子在英语课上可以自主选择，其余课程还是跟着全班同学一起学习。我们达成了协议，开始了一条特殊的学习之路。

从此以后，英语课上他们安静地忙着自己的事情，投入其中，不扰乱课堂，不影响他人，同学之间的矛盾减少了，他们的心灵因得到释放和寻找到新的发展空间而缓释下来，压力、恐惧减少，情绪好转。

但是我和家长是忐忑不安的，因为有学科考试。教育之困在于教育的目标和教育的现实产生了分离。我并不是想逃避责任，我密切关注他们。他们曾经的那种痛苦、失败、挫折、焦虑、紧张不见了，取而代之的是新的计划和选择。欣宇申报了绘画班，周三晚上回家学习绘画基础，超超周末选择日语培训，洛毅和小兰依旧沉浸在经典小说与阅读记录中。

初三毕业了，四个孩子努力达到了毕业证书的要求，取得了毕业证，其中欣宇考上了艺术学校专修国画；超超进了职业高中专修酒店管理，继续学习日语并准备到日本留学，小兰考进了职业学校学习服装设计；而洛毅进入一所技工学校专修焊接技术，他依旧爱阅读。

不同孩子有了不同的归宿，两年后的聚会中，他们都回来了，谈到初中的经历，他们都很激动。他们当时不能理解，也是抱着尝试的心态，而老师也是摸着石头过河，我们都在尝试中寻找出路。但是他们都接受了自己的现状，并表示会继续努力发展。若不是老师放手，他们的英语依旧一塌糊涂，学不成气，个人爱好也没有得到发展，现在他们懂事了，发现暂时的放弃意味着重生，放弃意味着新的选择，放弃意味着尊重现实，放弃也意味着以退为进绕道而行。

　　四个孩子的案例不仅是一种尝试和摸索，而且一定要得到家长和学生的配合。老师的大胆举措其实也是带着很大的压力的，但是在迫不得已的情况下，与其让孩子什么都得不到，不如让孩子选择他们所喜欢的东西来学习，这也是一种解放。原来，暂时的放弃也是一种尊重和负重前行。

内心缺乏什么

机智不仅仅是身体的触动，更重要的是灵魂与灵魂之间的触动，使心理发生微妙的变化，产生润物细无声的教育影响。机智是我与他者之间的交互生成，它是指向他者的关系之中的专注感和强烈的意向性。①

今天，数学李老师检查周末作业，浩翔的数学试卷只做了两道题。没有做就是没有做，不知道原因，孩子满脸无辜地看着我，我也无辜地看着他。课堂还是要继续的。李老师依旧完成了早上的一堂课，然后让浩翔到办公室去补作业，一节课过去了，轮到我上英语课的时候，孩子还没有回来。当我意识到李老师上午还有两堂初三的数学课时，赶紧让垣村去叫浩翔回到教室。

浩翔站在我的身边，我想和他交流一下，先让他在悄悄话里写出自己的想法，便于随后的沟通。看见他的理由，我真是啼笑皆非：数学试卷字小了，密密麻麻，看见就头疼，不想做，不愿意做，没有心情做。我抬头问他："你知道，老师为什么要求你完成作业吗？"

"不知道！"他眼睛看着别的方向。

"那你知道老师为什么要追踪你的作业吗？"

"不知道！"他依旧目不斜视地看着别的地方。

"那你知道为什么三位老师常常问你要作业吗？"

"不知道！"他还是一脸的平静，但眼里有了一点泪水。

我对其他同学说："同学们，听到我们交流的三个问题了吧？现在我想请求你们的帮助，帮助浩翔同学找到真正的答案。"我示意他回到自己的小组，

---

① 蒋开君.走近范梅南［M］.北京：北京师范大学出版社，2014.

让组长记录下交流的过程。我望着孩子们，同伴之间的力量会给学生带来心灵上的震撼，会给教师个人的教育带来良好的补充。

"老师管你的作业，不厌其烦，是想给你新希望，心里惦记着你！"李杨文质彬彬地站起来，有条不紊地说出了自己的想法。

"老师在办公室陪伴你做作业，额外多花时间，那个时间老师可以用来休息、备课、阅读或者做别的事情。知足吧！"垣村笑眯眯地说。

"就是！李老师那么忙，还要管你，说明老师心中有你、爱你，希望你比以前更好。"谢鹏接着发言。

"老师这样做，是觉得你还可以挽救，还值得挽救。"宇麟站起来，很有风度地表达了自己的观点，"本来就是你不对，天天三位老师轮流要你的作业，你来学校是给老师做作业的吗？我可是为自己学习的，将来还会遇见更好的自己呢！"

看着孩子们你一言我一语的，观点都是正向的。浩翔看着同伴一个个站起来，从不同角度发表自己的观点。

李政涛说教育的痛苦来自自己的知识、情感和体验无法传递给孩子……还来自时常遭遇的教育的无效和束手无策。同学、李老师和我需要找到一个点位和他产生连接，才可以去解剖他的行为。此时此刻，我感到了教育的重负一点点压向我和学生。

我给同学们讲了一件事：昨天下午老师和班委还在讨论增补浩翔为班长候选人，因为他除了作业之外其他方面都很不错，他诧异地抬起头来看着我们。梓瑜和其他的班委证实了这件事。

"你是不是觉得老师在针对你，故意为难你，天天和你作对？"

"对。你们为什么不追着其他同学要作业？为什么偏偏是我？天天是我？"他有点愤懑。

"我们都完成了作业呀！"好多同学都想反驳他。我意识到问题的根源所在。作为教师，教育研究者，我常常与学生直面日常化的事件，去研究学生的生命成长。这是一个看起来简单实际很复杂的过程。简单在于诱发事件的日常化，复杂在于日常化的事件背后隐藏着不为人知的秘密或者困惑，它难以被挖掘出来。我需要进一步还是退一步？这时，我突然听到一句话："这般表现，明天就不去欢乐谷了。"班长扬起的声音一落下，全班都安静了。

不料，浩翔不假思索地说："这个我早就预料到了。不去就不去。你和班主任一样的做法。"他和班长杠上了，赌气地回答渐渐露出问题的症结，这也许就是心结所在。两天前去欢乐谷的费用已经退给他了，取消他参加学习秋游活动算是一个惩罚。我瞬间明白，惩罚让他在心里有了消极的抵抗。我和其他同学都在乎自己的体验，没有研究他的体验。教育机智要求教师每时每刻都要去理解孩子的真实体验。问题指向教师的举措。

我问："秋游费在哪里？"他慢慢将钱摸出来，低着头。我顺势问班上的同学，是否给他一个机会，同学们表示赞成。再问他是否想去，他仰起头一口答应："想去！"一切都明白了。

"那好，今天下午和晚自习还有时间，你知道该做什么！"

这件事就此告一段落。我们一起参加各种活动。但是增补班长候选人中没有了浩翔的位置。我没有在班上做出任何的解释，而是不急于公布结果，等待了几天，我在他的家校联系本中看到这样一段话："如果老师能够继续考虑我为班长候选人，我将会很高兴，而且将会改正自己的错误，每天认真完成作业，努力学习，好好工作。请老师相信我！"

面对这样的留言，我内心充满了希望，这也是我期待的东西。我总是在等待着他有所举措和改变，能有一个东西可以证明他的决心。教师需要拥有并保持三种品质：忍耐、等待、接纳。忍耐教育过程中出现的各种痛苦和不安，等待各种转机的出现，接纳学生生命成长的复杂。

无需提醒的自觉

　　我第一次读到梁晓声关于文化的解读："植根于内心的修养；无需提醒的自觉；以约束为前提的自由；为别人着想的善良。"我震撼住了，立刻决定将这四句话展示在教室的墙上，作为学生品行修养的一面镜子。

　　早自习，我比往日来得要早些。天冷，同事买了叶儿粑给学生，分了一半给我，我提着软糯香甜的叶儿粑直奔教室。

　　孩子们看见我提着一团冒气的东西进来一脸雾水，伸长了脖子观望着，打量着。我告诉他们叶儿粑的来历，他们选择了"无需提醒的自觉"送给我。他们并没有告诉我想吃的东西，而我悄悄为他们准备了。寒冷的冬季，全日制住读的孩子很辛苦。成长需要全力以赴的学习，成长需要香自苦寒来，成长也需要人情味。

　　骆毅、鑫宇、雨彤、丁丁开始帮着发放叶儿粑，孩子们一人一个，脸都笑开了花。女孩们温柔地跷起手指，拨开叶子，迫不及待地一口就是三分之一，还有的一口就是一半。男孩们粗犷，叶儿粑顺从地从嘴里吞到了胃里，还没品尝出味道便没有了。几个调皮的孩子笑嘻嘻地望着我，那眼神馋得好像我还有叶儿粑一样。我扬起手中的袋子，示意没有了。他们才放弃。看到孩子们开心的一刻，我的内心也无比幸福。最后的三个叶儿粑留给了老师。他们一定要看着我在讲台上吃掉它，我真是不好意思，面对孩子们和墙角的摄像头，逃不脱呀。于是，我吃出了一个个怪相，让他们乐得前俯后仰——终于看到老师不矜持的一面，这就是生活体验中的快乐。教师就是以自己之生命，去揭开生命成长奥秘的人①。

吃完要收集垃圾，黏手、油腻腻的叶子很难收拾。孩子们走向垃圾桶，弯腰将叶子和擦手的纸巾扔了进去。没有一个人将垃圾扔在外面。我看着，等待着最后一个人完成这个动作。然后也让他们在墙上寻找一句话来结尾，他们异口同声地念道："无需提醒的自觉！"

自我评估精确。今天我没有提醒他们收拾垃圾，但是他们却做到一件很平常却又不寻常的事情。这就是一个班级行动的写照，让我看到了他们真实的表现。教育无痕，无需提醒的教育才是真正的教育之果。

范梅南认为机智和情调是同义词，在教学中、在我们向学生传授知识的时候，有一些固定的方法和技巧，也有一些程序化的常规，但仅靠这些，我们还没有使课堂这个情境活起来，我们需要情调，需要人与人相处的和谐的调子、愉快的调子、幽默的调子，甚至游戏的调子。我们要使知识性的教学更具有人情味，有味道、有感觉，这就是情调，这种情调是怎样营造的？当然是靠教师的机智。②

---

① 李政涛. 做有生命感的教育者［M］. 北京：北京师范大学出版社，2010.

② 蒋开君. 走近范梅南［M］. 北京：北京师范大学出版社，2014.

让影像产生教育的力量

　　慎独对于学生来说是一个艰难而可畏的词汇。在没有人监督的情况下，会有种种突发事件让教育管理者措手不及，没处理好，隐患便层出不穷。为此，通过这个事件，我最深刻的体会就是：让影像产生教育的力量。

　　一日不忙，查询监控录像，观察晚自习最后10分钟的秩序。一幕一幕看下去，平常且正常，晚自习安静有序。下课，学生陆续离开。我看着孩子们渐渐减少，教室里开始空旷起来，随即灯灭了，黑乎乎的，依稀能够见到桌椅。突然，灯又亮了起来，丁丁走进教室。

　　丁丁从外面冲进来，在教室里跑，又停下来，和久久一起，走到一个同学的座位旁边，拿起书桌上的书和本子向头顶上的日光灯箱砸去，第一次，没有砸中，书落在了地上。第二次，书又落下了。丁丁一直很努力地往上抛掷书，久久在另一端很努力地捡起书来，两个人配合很好，并且一直很愉快。第三次，书上了灯箱，稳稳地落在灯箱上。丁丁随手拿起另一本书向上抛掷，准备把灯箱上的书碰下来，第一次失败，第二次失败，第三还是失败。在这期间，日光灯灯箱不断摇晃，我看着心里发怵，害怕灯箱掉下来砸中孩子。第四次，通过不断的努力，他们终于成功了，两本书都落下来了，久久在欢快地叫好，丁丁则是享受着久久的赞美。两个孩子不顾桌子上的书是谁的，该不该拿来砸灯箱，也不管灯箱是否结实，是否会掉下来，足足在灯箱下玩着这样的游戏长达20分钟，一直反复这个游戏。9：20，他们才离开教室，教室恢复了平静。

　　第二天上午，丁丁妈妈如约而至。我首先向她讲明了事情的缘由，然后和她一起观看截屏，同时等待着她的反馈。我们之间达成了以下协议，然后我和她做一个试验，看看丁丁会有什么样的反应。

　　（1）丁丁妈妈看完截屏，了解大致内容，不要生气，静心等待。

35

（2）请丁丁到办公室询问相关事宜，听丁丁的解释，来捕捉他的认知态度。

（3）丁丁妈妈在旁边做记录，详尽地记录对话过程和内容。

（4）如果丁丁很诚实地承认了自己的错误，就请妈妈与他回家交流。

（5）如果丁丁没有意识到自己的错误，就请丁丁自己看截屏，自己寻找错误。

当丁丁妈妈看完截屏后，忍不住生气了，埋怨孩子，但是没有骂孩子，很克制情绪，毕竟她是一名警察。她首先不好意思地向我道歉，然后解释自己每天晚上来接孩子回家的时候，没有守时，对孩子要求不严。学校9点钟放学，从教室到校门口最多需要3分钟。但是他们平时从来不对孩子离校时间有要求，往往在学校大门口等待很长时间，孩子才出来。没有遏制住孩子不守时的习惯，任凭他放学后在教室里打闹逗留，作为父母，自己有很大的责任。

我默默听着丁丁妈妈的解释。从平时的管理当中我看得出来他们很放纵孩子。所以，丁丁养成了拖延的坏习惯。家长建议给丁丁一次班内警告并向班级同学道歉。我尊重这个建议，和妈妈一起商量处理的时间。

但是，我们还是要倾听孩子的诉说，给孩子一个申辩的机会，哪怕是谎言。机智的老师，面对复杂的教育情境时，会想一想孩子当时的体验，会回到教育情境本身，会发现并抓住教育时机，做出最有利于孩子身心发展的反应，这个反应也许是有声的行动，也许只是默默的关注和静静的倾听。[①]

我请丁丁到办公室来，了解他前一天晚上晚自习后发生的事情。他反应很快，直接告诉我，下课到食堂吃了夜宵就回教室，拿上书包到学校大门口等待爸爸来接他。结果，爸爸来晚了，在门口等了好一会儿才走。我询问有没有突发的事件，或者是违纪的事情，他都摇头说没有。估计他完全忘记了昨晚发生了什么。

妈妈知道儿子撒谎了，她沉住气，继续我们的试验。妈妈一直在旁边看着眼前的这一幕。丁丁说完之后，像平时一样傻乐着看着我们，仿佛什么也没有发生过。我和丁丁妈妈交换了眼神，我打开电脑，让丁丁看录像。当他看到自己用书砸灯箱的时候，不好意思地瞟了我一眼，又看看妈妈，然后红着脸说：

---

① ［加］马克思·范梅南.教育的情调［M］.李树英，译.北京：教育科学出版社，2019.

"我觉得好玩，也不是大不了的事情吧？"他在体验玩的过程，老师和家长在关注不当玩法的后果。

最后一句话激起了妈妈的愤怒——无畏撒谎，思维严密，无须腹稿，训练有素，看了录像后还没有意识到自己的错误。她坐不住了，站在丁丁面前就是批评教育双管齐下。

经过我的观察，丁丁经常犯这样的错误，自己做了的事情，如果没有伤害事件发生，他是不会承认的，一脸无辜。如果有伤害事件发生，就大哭大闹抵赖，与同学对骂，企图否定事实。更为令人恼火的是，他不会认识到自己的问题，而是将所有问题都推给对方。这是一个典型的逃避责任的孩子。

面对这样的孩子，我只有静下心来，在今后的教学中，逐步调整他的心态，将他向好的方面引领。

丁丁撒谎记

教师在课堂上最害怕什么？最害怕的是不明缘由的突发事件，害怕学生情绪失控，害怕师生在突发事件中不能直面他人的指责，害怕不能面对自己的痛苦。教师的课堂使命不仅是教授知识，还有去感知学生成长中的各种复杂，用智慧去推动学生自我认知的发展。

我走进教室开始上课。旁边一个同学没有试卷，询问理由，他说是丁丁打架，将他的桌子掀翻了，再也没有找到试卷。我示意他看同桌的。继续着我的课堂，又发现一个女生的书不见了，询问的结果还是和丁丁有关系。我按捺心情，叮嘱丁丁以后在教室里要注意文明，不追逐打闹，注意安全。

丁丁听了我的话，一脸茫然，马上辩解道："我没有打架，没有掀翻桌子，他们的书和卷子也不是我弄丢的。哪个说我打架了？"他扫视着周围，显得很无辜！

几个女孩子站起来，描述事件发生的经过，不料丁丁立刻站起来，挥舞着双臂："我没有打架，就是没有打架，也没有掀翻你们的桌子，你们的东西丢了，活该！"说着，他就哭起来，还一直对几个女同学骂骂咧咧。几个女孩也不示弱，一人一句，指出他的毛病，他更是不依不饶，大哭不止，冲着一个女孩就是一阵乱骂。

我站在他面前，示意其他同学安静，然后很冷静地对他说："丁丁，冷静一下，课后来处理这件事。"没想到，他很反感地说："我哪里打架了？不就是屁股撞了一下，几张桌子就这样倒了下去。我又不是故意的。"说完又哭又闹，对同学的说法不依不饶并掀翻了自己的桌子。

课被搅和了，只好停下来。我知道此刻要直面的是丁丁、学生和我自己。我建议大家都冷静下来，将倒地的桌椅放整齐，示意丁丁坐下，帮他打开书，重新开始上课。

给学生的认识和成长留下空间，减少过多的干预。以沉默的方式给学生反思的时间和空间，这样就给予学生一些信任和自由。[①]

我等待了三天没有去打扰丁丁，在班上也没有再提这件事情，暗中观察他的举动和情绪波动，同时教育学生正确面对这个问题，并采取良好的心态来接受丁丁的举动；私下联系家长告知事实真相，让家长有知情权，使家长一旦遇到问题，有预知事态的能力。

三天过去了，丁丁没有任何动静。一周过去了，丁丁还是没有动静。第二周，我们单独在走廊相遇，他正想要招呼我，我立刻扭头将脸转向另一侧，与他擦肩而过。不料，他却跟着我走进办公室，傻笑着问我："老师，刚才我想招呼你，你不理我，你还在生气呀？"听了他的话，我知道机会来了。

"没有生气！只是想让你也品尝一下不被理解的感受！上次你真的好过分，你不觉得吗？"我也学着他的样子傻乎乎地看着他。真正相遇的眼神，同情理解的眼神会让学生感受到理解和接受。他摸摸脑袋，不好意思地说："我知道错了，就是接受不了那么多人一起来质问我。"

"你掀翻了好几张桌子，影响了那么多人，同学是可以和你沟通的，你自己不能够接受事实，可以听听同学们的说法，老师也顺便了解实情并及时处理。是不是怕自己的行为暴露在老师面前？"我伸手轻拍了一下他胖胖圆圆的肚子。

他傻笑着说："以后我不会了，我要管好自己的屁股、小手、抵赖的嘴巴，和同学搞好关系。"他看着我，样子还蛮可爱的。

我已经没有言语，直接告诉他："一会儿到班上去给同学们说说吧！老师可以原谅你，同学也需要沟通才可以原谅你。因为你们都是未成年人，不知道什么时候该原谅一个犯错误的人。"

"好吧！我好好说，您要帮助我！"

最终同学们接受了丁丁的道歉。有同学说："和他计较，等于是自找麻烦！"也有同学说："原谅他吧，其实他还是蛮可爱的，只要不乱发脾气！"同伴的接受是对丁丁行为的洗礼。我也接受了大家的选择！一场风波过去了。

---

① 蒋开君. 走近范梅南［M］. 北京：北京师范大学出版社，2014.

第二篇

"日"——朝朝暮暮

那些曾经不期而遇的礼物

来自自然界的奖励。1992年，我走进了新都区泰兴中学，走近了第一届学生。远离大城市的农村，周围只有农田、庄稼和四周苍翠的院落。我带给他们的礼物有可能是十年不遇甚至几十年不遇的，事实证明如此。

那一年我还沉浸在初入职的兴奋中，一场大雪将我的感情掀至高潮。我带着孩子们在荒野中踏雪、玩雪、打雪仗。这份礼物一直持续到20年后的同学会，学生说在他们的记忆中，那一场雪记忆犹新。

来自教师温暖的奖励。1994—2000年，我在新都区三河中学工作。学生依旧生活在农村，拮据的生活、艰难的求学路、物质的匮乏与年轻生命的需求和渴望产生了强烈的冲突。我自己的生活条件也很差，常常自嘲："小偷进了我的家都要哭一场。"可是，当我面对学生时，什么都忘记了，只知道该出手时就出手，一次次小小的帮助总能给学生带来一丝温暖。

品学兼优但家里穷的孩子我会送上参考书；在冬天会给个别孩子准备御寒的衣服；喜欢玩俄罗斯方块忘记回家的孩子我会在放学时分陪伴他行走一半的路程，然后目送他回家；交不起学费的孩子总能在我这里找到希望，纠结的脸绽开了花。面对全体学生，一次野炊便足以释放青春的躁动和气息，在原野中奔跑、呐喊、挑战和撒野之后美美地享受香喷喷的饭菜。游戏、歌声、欢笑持续到落日黄昏，各自回家找各自的妈妈，那一夜一定有无数美好的故事传递给家中的父母。爱的流转镶嵌在成长的真实生活中。我和学生一样的贫穷，但精神上一样的富有。

来自低碳而机智的奖励。2001年，我应聘到了成都市青羊实验中学。教育条件和环境好了许多，但是我依旧很贫穷，我可以拿什么来奖励我的孩子们？那些真正出自我双手的礼物才会带有我的教育爱、教育理念和教育情怀。教育机智引发真正的相遇。机智需要敏感、细腻的触觉能力，还要精微的鉴赏力和美感。只有有了情调，教育的机智才可能运化无穷①。

我每到一处都用心用眼观察，寻找我想要的东西——免费、有情调、有意义兼容。我带着女儿逛商场，我和女儿一起收集精美的适合学生的宣传海报，整理出来送给学生。我送女儿上舞蹈课，发现了一个很好的资源：在舞蹈室楼下的酒店大堂里摆放着很多免费的精致旅游卡，每张卡片上介绍四川省的一个风景名胜，一套卡片有60张。征得旅行社的同意，我索要了56套卡片，带回学校，整理出奖励方案，鼓励学生用行动来换取一张张卡片，然后集成一套。学生非常喜欢卡片里的风景名胜，想在假期的时候和父母一起去旅行。我们使用免费的卡片，既鼓励了学生，又宣传了四川美景，为旅游业尽了微薄之力。

2004年后，我在新都一中实验学校落地了。在这里，我更多地关注学生生命成长与学业发展的需求，对学生的奖励也聚焦到学生的实际需求，从学习用具到生活用品，从小零食到班级超市中各种丰富的物品，从物质需求到精神层面的满足，各种奖励层出不穷，琳琅满目，有的奖励瞬间从头脑中闪现出来，有的是学生期待已久的，有的是学生始料不及的。每一次奖励都凝聚了情调和机智。在这里的16年间，我给学生的奖励具有以下特点。

（1）适合即好。学生是孩子，他们喜欢用不同种类的物质奖励满足自己是人之常情。班级里所有的奖励都需要在具体的劳动与收获之后，以使学生感受"劳有所获"的不易和幸福，具有双重的教育意义。

冬天的奶茶、夏天的冰激凌和西瓜、春天的水果、秋天的糕点；集体生日时的蛋糕、读书节的图书、一次活动后的汉堡；等等。在特定的时间和事件之后，需要奖励的都会兑现。

（2）用心用情即好。当教师心中装着学生，就会想着学生，无论走到哪里，都会为住在心里的那一群孩子着想。

我2011年到新加坡学习，为学生收集了免费的明信片；到新疆旅游，给学生带回来新疆特产奶片和葡萄干；外出培训会给学生购买有特色的物件和食品，如湖南长沙毛泽东故居的毛泽东像章、北京的奥运会徽章、圆明园的录像

---

① 蒋开君.走近范梅南［M］.北京：北京师范大学出版社，2014.

带、四川省各地风景名胜卡片、四川省大邑县的叶儿粑、四川省新都区石板滩镇的糖油果子……有心在、有情在、有光在，就有行动在。

（3）赋予孩子需求即好。每学期放假之前都是学生期末考试冲刺的黄金时期，我们常常使用成长型思维来引导学生对期末考试做出明确的规划，其中一条就是"你期待的奖励是什么"。学生的奖励需求可谓五花八门，都是基于他们的需要而提出来的。

它们包括：体育用品中的篮球、排球和乒乓球；学习用品中的文件袋、文具盒、笔记本、签字笔；阅读书籍中的《三体》《哈利·波特》最多学生定制，还有各种名著经典；生活用品的杯子、毛巾、拖鞋和玩偶；文创用品的熊猫书签、熊猫水杯和熊猫布袋；还有不少学生提出了假期作业免做卡的申请。这样的奖励才是基于需要、高于需要的及时性教育，才是关注生命需求的教育。

（4）赋予班级文化即好。节日融入班级文化建设中，节日就会有更浓的文化味，文化就更具有节日味。以赋予班级文化的礼物促进学生去创作，在创作中创新思维、寻找自我归属感、加强班级凝聚力。

元旦节的熊猫明信片、春节的熊猫贺卡、"女生节"的熊猫发带和发圈、"男生节"的熊猫书签、端午节的熊猫粽子、中秋节的熊猫月饼、国庆节的熊猫之旅演讲、圣诞节的熊猫吉祥物和熊猫手提袋及口杯等。班级熊猫文化的文创作品凝聚了学生的创作之辛苦和期待。这样的奖励已经被赋予了浓厚的班级文化，这样的班级文化也在奖励中深入人心。

（5）赋予教育情调即好。顾明远在给马克思·范梅南《教育的情调》的序中这样写道："教育情调的核心是爱，把爱献给每一个孩子，那么教育活动中具有了美好的情调。教育情调的表现在情，在教书育人的细微处见真情。"[①]只有站在学生人性的高度来看待教育智慧，教育才拥有教育的情调。

我在班级是这样做的：①以学生名字命名教室的功能区：子轩书架、子萱阅读吧、振轩新闻播报栏、雪轩荣誉墙、思源饮水台、杰源多媒体、少延文创区、巧煊英语演讲台。②传递喜报。对有特殊贡献的学生通过微信发布电子喜报给家长。③"明星"合影。被奖励者可以邀请自己的好朋友一起合影并上

———————————————

① ［加］马克思·范梅南. 教育的情调［M］. 李树英，译. 北京：教育科学出版社，2019.

传到家长群里，邀请"学习之星、运动之星、艺术之星"和校长合影。④文创作品冠名权。鼓励喜欢艺术创作的学生静心创作，并将作品和名字印刻在文创口杯或者手提袋上（正面是校徽班徽、背面是作品和名字）。⑤设置"星光大道"。表彰"文明寝室""学习之星""劳动之星""艺术之星""运动之星""服务之星""公益之星""护理之星""快递之星"等，一次表彰一次仪式，学生个人和集体均可上班级的"荣誉墙"。

（6）赋予教育意义即好。作为教育手段，奖励是为了培养学生内在的、持久的精神动力，而不是为了给学生一时的满足[①]。奖品的挑选体现了师生、家长的教育眼光，奖励的细节和过程被赋予了教育的仪式感，对奖励事件的挖掘和关注被赋予了教育的情调，对奖励时机和方法的拿捏体现了教育的艺术与智慧，兼顾个人和集体、浅表和深层、物质和精神的奖励体现了教育的机智。奖励中含有丰富的教育意义，奖励才具有教育性。

一张鼓励的字条、一次神秘的微笑、一次心照不宣的眼神确认、一次响亮的击掌、一个突然的拥抱、一个公开或者私下的赞美、一幅漫画、一封信、一枚不期而遇的糖果、一枚班徽奖章或奖票、一枚班徽胸徽、一次班会的主持、一次在线交流的主持、一个特殊的任务等，都凝聚了教育的意义，可以作为不同学生的奖励，成为教育中的永恒经典。

奖励两个字拆开了看，既有褒奖，还有鼓励。奖是手段，鼓励是目的。奖是明线，鼓励是暗线。只有将两个字完美地结合、融合，才会激起教育之花，绽放教育永恒的光。

---

① 郑英. 班主任，可以做得这样有滋有味［M］. 北京：中国人民大学出版社，2019.

致歉让孩子重修关系

初中阶段，学生的困惑除了学习之外，更多来源于人际关系，包括师生关系、同伴关系、亲子关系和学生与自己的关系。可以说，任何学生都逃不脱人际关系的困惑之网。那么，如何帮助学生解开这个纷乱复杂的网呢？这是教育者应该思考的问题，教育者应该带着教育学的眼光去审视学生的人际关系网，考虑他们对于人际关系的需求。我们都知道，人际关系一方面给我们带来友谊、爱和关心、情感的依托、爱情的萌芽、支持我们走向生命的各个时段需要的关系网；另一方面人际关系又会带来纷扰、困惑、误解、失落、孤独和痛苦等体验。学生逃不脱，反而在他们的青春期会陷入无限的关系难题中。因此，帮助学生走出人际关系的困境也是我们的责任。

致歉根据表达的方式可分为口头致歉、书面致歉，根据不同途径可分为信件致歉、网络致歉、当面致歉、电话致歉等。

首先，要明白致歉的原因和引发致歉的事件，用语言或文字写出具体的事件和感受。其次，表达致歉者的态度，如主动道歉表达内疚、不安的心情，希望对方原谅自己，并愿意和对方和好如初。最后，要请求对方的理解和接纳，等待对方的回应。

致歉的意义在于彼此相互原谅、理解、消除隔阂、恢复往日情感。致歉是为了给双方找到一个交流的中心地带，化干戈为玉帛。致歉最重要的是彼此抬头，重修人际关系。致歉是一种心灵需要、情感交流的润滑剂，致歉最终让孩子重修关系，重修他与同伴、师生、亲子和自己的关系。

致歉的对象。第一，致歉父母。表达自己不听话、不按照父母的要求做事学习的歉意。理由很多，涉及亲子关系、学业要求、家庭教育、家庭关系等。第二，致歉老师。在培养良好的师生关系过程中会遇见很多问题不知道如何表达。遇到问题容易回避，避重就轻或者转移矛盾，这里面包含了很多耐人寻味的话题和情节，值得师生共同面对和研究。第三，致歉同学。在致歉的文字里我们发现同学之间的交往问题尤为突出。学生会出言不逊、举止不礼貌、发生小摩擦等。在老师的引导下，学生会在一个恰当的氛围中突然发现自己行为的不妥给同学带来伤害，也让他们对自己过失行为的认知得到提升，这是一个进步。致歉的文字在特殊的心情和氛围中会彰显巨大的力量，让学生意识到致歉的重要性，进而消除误会，学会理解包容。第四，致歉弟弟或妹妹。在文字中看到了"二孩"家庭子女之间的矛盾，需要来自多方位的梳理和引导。第五，致歉自己，接纳自己。在新年到来之际，向曾经不努力的自己致歉，表达忏悔。默默地提出新的计划，迎接全新的自己。这是一种很可贵的自我接纳，是很不容易做到的一种认知行为。发现不足、承认不足、改正不足，这就是接纳自己，意识在提升，也就期待遇见更好的自己。第六，致歉整个班级。一些学生发现自己在课堂上很爱接嘴，原以为这就是课堂互动。不料在老师的提醒下，经过深思熟虑才发现是自己的行为不妥。接嘴频繁会影响老师的思路，也会阻碍同学思考，尤其是成绩中等以下的同学会产生严重的依赖，甚至在课堂上懒于思维或者停止思维。这样不利于全体同学凝听老师的讲解，用脑子去思考，不能达到学以致用。学生感知到自己的不足，并写好致歉卡，这是意识上的觉醒，也真是在为同学们着想，难能可贵。意识觉醒，需要经历和反思才可以做到。

致歉日的程序：

（1）聆听校园广播里播放的致歉倡议书。

（2）班主任引导学生写致歉卡。因为弄丢了学生的一封家书，老师非常难过，借此机会向该同学表示歉意，希望该同学能够原谅。这是一份真实的致歉，在真实情境中给全班同学一个示范。如何写致歉卡？如何向对方表达歉意？如何在小小的卡片上讲述事件的背景并提出希望得到对方的原谅？在班主任的示范下，学生选准致歉的对象进行构思表达。

（3）写致歉卡的时间：15分钟。

（4）相互表达歉意。

（5）收集致歉卡拍照保存。

（6）留给家长的作业：请学生将写给父母的致歉卡带回家，向家长表示歉意，并请家长在致歉卡的背面给孩子留言。

后来，我将学生致歉的内容一一细读并记录下来形成文字，看到了学生灵魂的内在多样性，以及他们自我展示的缓慢脚步：从最初的隐秘不敢说，到犹抱琵琶半遮面似的悄悄地萌芽，再到教师心灵引导后的记录。当我在录入这些文字的时候，将其分为四个板块："致歉自己""致歉同学""致歉老师""致歉父母"。我的脑子里浮现出很多想法，也许将来的某一天学生再次通过网络的方式阅读到自己的文字，会产生怎样的想法？对曾经的初中生活充满回忆、感谢还是憎恨？他们会不会想起自己的心灵导师，曾经为他们营造的自由交流的空间，为他们记录了心灵随笔。甚至，我将这些文字发给对应的家长，有家长给我留言："如果孩子在我们的面前，他们肯定不会有这样的言语，我们对孩子的文字感到诧异，不敢相信，我们欣喜看到孩子的成长。"下面是学生"致歉自己"的摘录。

① 被寄予厚望的自己年年有余，周周复始。在2018年的镜头，我写下了这封信，为自己曾经的不努力深深致歉。抱歉的是那些一带而过的试卷、一知半解的习题，是曾经碌碌无为的自己，将曾经心怀天下的小女侠推下了悬崖峭壁，所幸你的小女侠在经历了低分之后，试着找出一条爬上来的蔓藤，请你相信她一定会坚定信念，调整状态，纵使重重艰险，即使无人问津，她只是拼命找啊找，并一直在路上，不会找到回不去的日子，只为追上你。不久，你一定会收到我的回信：艾儿，你找到自己的武林秘籍，如那年的余周周重出江湖，那时你定会像她一样，愿我如星。祝我万事如意，有一点想你的艾儿了。

② 梦想是很长很长的路，而这条路上有许多堵高墙，那就是现实，它们会阻碍我的执着，让我迷失方向，我要向"那时的我"致歉。有了你我成长了。"那时的我"只向着远方的模糊，放弃了眼前的真实；"那时的我"追求犯错后的原谅，丢弃了该吸取的教训。"那时的我"沉浸在之前不错的成绩中，逃避成绩一次次下降的现实。"对不起"，我浪费了本该勤奋与他人竞争的岁月。"现在的我"懂了不害怕犯错，并做出了改变，成长就是在一次次的错误中崛起。"对不起，亲爱的自己"，我从现在起拾起自律，总结过去，带着对学习的热爱回归，即使筑梦路上有许多高墙，但挡得住的是不热爱不努力的人，却挡不住醒悟后的自我崛起。另外，奢求太多，得到的却不多，一步一个

脚印地走，一点一滴的进步就是胜利，我在这里向自己致歉，带着坚定的目标与热爱，忘记之前的荣誉，谨记犯下的过错，分享未来。所谓成就自己就是认识自己、发现自己、接纳自己、腾飞自己。2019年是我对话自己的重要一年，惜时、奋斗、规划是的我关键词。

③ 今天是一个特别的日子——一实的"道歉日"，在这里我要对我自己道歉，这似乎是矛盾的，但我觉得这其实并不矛盾。初一，我不思上进，浪费了大把的光阴，当我终于认真起来，但却走错了方向，险些落入了深渊，终于在初三找回了属于我自己的路。浪子回头金不换，我找回了迷失的自己，内心深处的觉醒带我走向光明。但在过去的两年中，我的错误让我备受折磨，严重影响着我的内心发展，我像迷失的羔羊一样，不敢正确面对自己、学习和家人。可是世上无后悔药可吃，所以今天我以我最诚挚的心向我说一声"对不起"，这意味着我要和曾经的自己决裂，告别过去愚昧无知和幼稚的行为，在老师、家长和同伴中寻找力量，与天地对话、与自己对话、与未来对话，成就自己，不枉青春之美丽、青春之奋斗、青春之航行。

④ 2018年就要过去了，在这里我要对未来的自己说一声"抱歉"。初二，我的成绩并不理想，我就像在一天天地混日子，忽视时间规划，漠视学习习惯养成，视基础知识的积累为负担，不理睬老师的帮助。我没有找到成绩差的真正原因是自己，而是归咎于他人。慵懒、悠闲、无知的我成为我成功路上的绊脚石，阻碍了我的前进，我痛苦过，迷茫过，在被窝里偷偷地哭泣。步入初三，沉重的学习压力和一次次的考试，就像一根根刺扎进了我的心，在这时我想到了自己的未来，现在的苦乐年华都是为着未来而去的，我开始思考自己的行为，回归自己人生的目标，直到有一天，老师提醒我："未来的你一定会感谢现在努力的你！"抬头看看周围努力的同学，我的内心在震颤，在呐喊："你是否会因为我现在的放荡不羁而苦于一天天为了生活四处奔波？是否会因为我的成绩而一次次被别人拒绝，失去被选择时的主动权？你能因为我而放弃亲情远走他乡吗？"改变在呐喊中慢慢站立起来，我终于看到了自己的懦弱，敢大声向自己致歉了。从今以后，我要崛起！

⑤ 我今天想在这里向你说一声"对不起"！在此之前我面对成绩榜上那惨淡的分数，麻木不仁，不曾想起小学时努力的自己和获得第一名的场景。今天的"致歉日"引领我回归现实，我终于回到了这一切，老师、同学、家长期

盼的眼中原来也有我的存在，我从来就没有淡出过他们的视野。我自觉愧疚，对自己的放纵不羁悔恨不已。曾经的手机给予我暂时的放松却带给我永久的失去：对学习失去耐心、信心和恒心，对同学不信任，远离了同伴的力量。曾经的游戏带走了我多少不眠之夜，让我在课堂上浑浑噩噩，错过无数精彩的讲解。从今以后再也不能忘记以前的梦想，不能让从前的努力白费，所以，在这里，我想对"从前的自己"说一声"对不起"，希望你可以原谅我，督促我，牵引我走向成长。

⑥ 亲爱的伙伴，自我出生以来我们就是内外存在的双胞胎，你友善、包容、理解、勤奋、勇敢，我懦弱、不自信、缺乏自律，我们成了鲜明的对比，我常常败给你的执着。今天借"致歉日"，我要诚心诚意地向你道歉。曾经我浪费了你这么多的精力和宝贵的时间，让你错失了这么多进步的机会，你因为我而变得贪玩，不爱学习，闹起了情绪。其实你能做得更好，全是因为我，我对不起你，我不应该让你在愉快之中忘却了学习，我不应该整天让你放荡在外迟不归家，我更不应该让你迷失自我，在学海当中徘徊。亲爱的你，对不起！从今往后我一定会帮助你在漫漫学习路上找到自己的乐土，在前进的路上种下一排排精神之树，鼓励自己成为一个有理想信念、有文化素养的青年，请你相信我。

⑦ 一转眼2018已步入尾声，而我却只有寥寥收获。2018我究竟干了什么？2018我并没有十分努力将自己的精力投入学习中，我满足于看起来不错的成绩，不思进取，沉迷于那些虚无缥缈的东西，最终我浑浑噩噩地度过了这一年，我认为我这样做的危险并不亚于自杀，我虚度了自己的青春，留下的只有那些追不回的懊悔，如今我已幡然醒悟。我要在班级里寻找一个志同道合的朋友，一起携手前行，用同伴的力量来督促我做最好的自己。我将不再沉醉于当初的游戏、网络，不再对父母充耳不闻，我将努力改善与父母的关系，摆正自己的态度，调整好情绪，重新背上行囊，再度出发。

林清玄的《林清玄散文》中有这样一段话："我对自己说：'跨过去，春天不远了，我永远不要失去发芽的心情。'而我果然就不会被寒冬与剪枝击败。虽然有时静夜想想，也会黯然流下泪来，但那些泪水，在一个新的春天来临时，往往成为最好的肥料。"我将要靠自己的努力拼搏出一个属于自己的未来，2019我来了，你等着！

⑧ 今天我想对自己说"对不起"。你现在初三了，却好像还没有成熟一

般，明白心里想说什么，却不会表达出来；每次问别人题明明已经知道了，却装作还没有听懂，为了面子上的体面总是保持沉默，将自己隐藏起来，让同学和老师看不到真实的自己。我常常给他们一个错觉——努力、勤奋，事实上只有自己才知道，背后的我慵懒、失落、好面子、不肯接受他人的帮助，死要面子活受罪，就是我的写照。现在我想明白了，我应当展示自己最好的一面，让同伴们感受到我的真诚、热心、坦率、努力和诚信。

⑨ 我要对自己说"对不起"。看到自己的弱点，改变永远都不晚，多亏了班主任对我的一再包容、理解和鼓励，让我意识觉醒。初三"一诊"即将到来，我这次定会努力去做好自己，在考试中再度认识自己的实力，找到差距，知难而上。我相信我的能力远不止于此，我的明天会更好。我会用实际的行动来改变自己。对不起，亲爱的自己，让你这么难堪，我一定会做最好的自己，原谅我。

⑩ 对不起，现在的我可能让你失望了，你希望我能够越来越好，可是现在的我不仅没有多大进步，甚至有些退步了。前一段时间，我好像失去了前行的目标，一直没有学习的动力，对什么都没有兴趣。我一直以为是青春期惹的祸，和爸爸妈妈交流后，才发现原本上进的我价值取向没有偏离轨道，只是暂时失去了前进的目标，痴迷于不该有的交往中。在父母和老师的建议下，我调整了学习和生活的态度，熬过了一段艰难的历程。

如今我感觉好多了，看到了前面的一线光明和温暖，我为自己的醒悟感到庆幸。我已经和自己确认过眼神了，接下来的考试就是一个最好的证明。我需要抓紧时间认真复习，备战"一诊"，去实现在2018年还没有实现的那个愿望。2019年我会给你一个更好的答复，相信你也相信现在的我，用期待的眼神守望着我。No pain, no gain!

⑪ 在2018年快要结束之时，我想对自己说一声"对不起"。又过一年了，你又收获了什么呢？还是那样无所追求，不知努力吗？你可知你浪费了多少光阴，或许你可以在这段时间里做很多事，或许你的学习、生活都会比现在更好，可时间一去不回，道歉都是有效的，要认错能改。我希望我能更加努力把错过的都补回来，给2018年画上一个圆满的句号，Please forgive me! 我愿意用以后的努力和认真来保证，我不会再像过去一样，而是会寻找到自己，找回前行的目标，做中学，学中成长。

⑫ 我很想对自己说一声"对不起"，但是一直都没有机会和勇气，现在我就借着学校"致歉日"的机会，鼓起勇气，对自己说一声："对不起，亲爱的自己。"我其实是可以做到数学保持130分的，但是我因为懒惰一直都没有纠错，只是对自己说没事，下一次一定不会错了，就把错题放在一边，再也不看一眼，结果，在之后的考试中又出现了这道题，我却始终不会做，使得这道题又错了。数学老师和班主任一再强调纠错的重要性，用一年的时间来培养我们纠错的习惯，但是慵懒的我总是有很多的借口，放纵自己，对教师的要求置若罔闻，没有做好学习的合作者，最终让自己深陷难堪。

如今，我意识到自己的侥幸心理害了自己，我再也不会这样了，再也不会了！2018年进入倒计时了，2019年是我的新起点，让我们一起努力吧。期待一个全新的自己，从纠错的细节开始努力去成就自己的优秀学习品质。

⑬ 回忆去年你曾深情而真挚地写了一封信给我，当即痛哭流涕，而今又是一个春秋，我心中应有数不尽的愧疚，借此机会把我心中的歉意表达于你。

你知道我常常不会说话，常因握不了分寸而出言不逊，在不知不觉中一次又一次中伤了你，我知道有时你只是开玩笑，但我却愚昧地较真儿，而这结果却是从嘴角到肢体上的战争，此时此刻我真心地由衷地向你发出肺腑之言，向你说一声"对不起"，因为你是我心中最真切最珍惜的自由，独一无二的可信赖的人。

⑭ 在这个特殊的日子里将一份道歉送给自己。初三以前，我仿佛还是一个大雾中迷茫的人，在学习的旅途中磕磕碰碰，寻找着方向，可是在初二下期一次得利之后，我开始骄傲、懈怠，放纵自己，然后败在了期末考试之下。由于长期的非正常状态，缺失了学习的积累和虔诚，我好几次考试都失利了。当初无论老师怎样告诫我，我就是听不进去，以为暂时的落后不会对我造成负面影响，殊不知，在接下来的人才选拔考试中，我再次陷入了低谷，把自己推向了万劫不复的深渊。高中的选拔考试，我失去了"铭章班"的竞争机会，流着泪水送别了昔日一起奋斗的战友们。西安交通大学少年班的初选中，班主任尽力推荐了我，可是我依旧因为曾经的成绩积累不够，而被无情地刷下来，失去了资格，正可谓"一失足成千古恨"，我经历了一次次的打击。

而今，我懂得了持续努力的价值，明白了任何机会只有自己做了充分的准备后才可以获取，上天总是奖励有准备的人，而我正在用今日的努力去换取上天的奖励。因此，今天在这里我向自己道歉并让过去烟消云散，从今天起面对阳光冲向未来，成就未来最好的自己。另外，我依旧要感谢班主任对我的信任和付出的努力，未来的我会用行动来感谢她的厚爱与守望。

⑮ 道歉，于我而言容易又困难，因为在2018年中我道的歉不少，但真的是发自内心、想要获得别人原谅的却寥寥无几，而现在我想给自己道歉，给这仓促的一年画上一个圆满的句号，在这一年中我犯下了许许多多的错误，我总是在犯错后告诫自己一定不能再犯错了，但现实中我又一次一次纵容了自己，而因我的一次次纵容宽恕，我离心中那个我渐行渐远，现在我向你道歉，十分对不起，我对我的纵容，十分抱歉，我对我的失望，同样也十分抱歉。我以后会改变努力成为我想要成为的那个样子，希望以后我们可以形影相随。

每一封致歉信都给我留下了深刻的印象，让我去了解孩子们的内心，觉察他们内心世界的变化，感知他们认知的蝶变，我被年轻的生命深深打动了。一次次埋头阅读，细细品味，慢慢觉知，将学生润泽的文字刻进我的心里。

帕克·帕尔默在《教学勇气：漫步教师心灵》中写道："师徒和师生就是源远流长共舞的舞伴，教学的伟大收益就在于它每天都给我们提供重返舞池的机会。"[1]对于每一届学生毕业后的回归，我们都会谈到一些在初中阶段他们不好意思讲述却又在暗中交流的话题，这个时候他们是开放的、自信的、自由的，多么希望曾经的他们也是这样。不过，我看到了我们作为教师对学生心灵引导带来的效果，让心灵引导得以实现。

下面是一封致歉信，是在我认识这个女孩的一年半之后，她写给我的。这封信让我看到里尔克的思想："发展跟每个进步一样，是深深地从内心出来，既不能强迫，也不能催促。一切是时至才能产生。让每个印象与一种情感的萌芽在自身里、在暗中、在不能言说、不知不觉、个人理解所不能达到的地方完成。以深深的谦虚和忍耐去期待一个新的豁然贯通的时刻。"

亲爱的老师：

我要向您致歉，为过去的误解和不尊，也为当下的一堂沉默的课致歉。

---

[1] 帕克·帕尔默.教学勇气：漫步教师心灵［M］.吴国珍，等，译.上海：华东师范大学出版社，2014.

　　我与您相遇不到两年，经历了许多。我成绩不好，您找到我一起分析原因，寻找知识点的缺失，寻找做题技巧的不足，寻找我的信心，我们开始了寻问之旅，我明白了学习除了做题之外还有技巧、情绪、兴趣、付出、目标和规划；当我犯错时，您以各种方式批评与教育，教室里、走廊上、办公室、花园里留下了我们的身影，这些是我们心灵沟通的常驻地，但是我并不接受您的入驻，我们的思维不在一个频道上，我接受您有一个很长的过程。

　　最初我不接受您的教育，我怀念原来的班主任，我并不欣赏您的风格和教学，也不接受您的管理，严格、快节奏、气宇轩昂、细致，这些在其他同学和家长的眼中，在您的教学中，是优势和力量，是收服我们的策略，但性格懦弱的我，无论怎样也跟不上您的节奏，我掉队了，我讨厌您，甚至想质问校长，为什么轻易换上您来当我们的班主任和英语教师，双重身份的您，让我失去了前进的动力。我迷茫，不知所措，又不愿意向您吐露心声，在矛盾和难过中我一天天地煎熬。

　　您无暇顾及一个角落里的女孩。您每天很忙，走出课堂，就是无休止的会议、指导其他教师上课、外出学习，您的忙碌，让我有了一个偷懒的好机会。因为繁忙，您无法走进每一个细节，我就悄悄地偷懒，抄袭作业，听课开小差，不复习，不读书。就这样，我寻找到了自己的舒适区，躲在里面享受自己的小天地。

　　突然有一天，您结束了在成都的学习之后，风尘仆仆地踩着时间走进教室，满脸的疲惫，但见您稍做调整，像打了鸡血似的，又开启了连续三节课的授课。为了缓解连续三节课的疲惫和我们的疲乏，中途您和我们一起玩起了查阅词典的游戏，让我第一次认识到了词典世界。那一天，我是快乐的，我们的眼神相遇了，您的微笑很亲切，俯身教我查阅词典，我抬头望了您一眼，那里面藏着我羞涩的笑。

　　从您对教学的执着和不懈追求，从您多方面的设计我看到了您的精神所在，我第一次开始悄悄地改变自己，打开了舒适区的门，探出脑袋来，用欣赏的眼光打量着我面前打不垮、累不垮、气不垮，还热情四溢的老师。我一直在探究，您哪里来的力量和勇气，每天激情满满地与我们共舞。我们是年轻人，而您已不再年轻。后来我明白了，学生是您的世界，课堂是您的舞台，您的能量来源于舞台下面的学生——我们。

我不喜欢在课堂上举手回答问题，害怕交流，不敢抬头看您和同学们，害怕他们嘲笑我，但是您一次次不经我允许的提问，突然袭击我、用眼神提醒我、用手势暗示我，无数次的历练之后，我有勇气举手了，教室里回荡起我的声音，我才感觉到声音好动听，表达好完美，才意识到"野百合也有春天"，我从自我的世界里苏醒了，复活了。在您的引导下，我的心灵渐渐复苏了。我要勇敢地走进我们共同的世界。

您在我的家校共育本上留言："你发言时眼睛闪亮的光芒让老师看到你青春的活力和对知识的渴望，期待每天与你美丽的大眼睛相遇。"看到这一行字，我内心燃烧起希望，到停车场去找您，表达我的勇气和希望，表示从今以后要好好学习。您温柔地对我说："只要自己觉醒了，就会看到新生的力量，哪怕在孤独中探索也是一种幸福、享受和向美、向上的追求。"

放假前的一节英语课，平时共同学习分享的课堂不见了，沉闷、窒息，您第一次在教室里沉默良久，转身离去，我记忆里您第一次这么生气。其实当时我是很想分享观点的，看到全班同学都没有人勇敢地站起来，我终究也没有。您是想通过问题来引导我们跟着您一起思维，用语言来表达对课堂的理解，可是我们的沉默让您失望了，尤其是我。

经历了那么多与您过招的日子，我发现我错了，错失了很多美好的课堂，错失了您的信任。今日，借助校园"致歉日"活动，我有机会向您致歉了："亲爱的老师，希望您能原谅我以前的错误，在以后的日子里我会更加努力、自信，在课堂上积极努力地展示自己，让自己变得更优秀，让自己遇见更美好的自己。"

——您的大眼睛女孩

遇见凡·高

　　凡·高是一位具有真正使命感的艺术家。凡·高在谈到他的创作时，对这种感情是这样总结的："为了它，我拿自己的生命去冒险；由于它，我的理智有一半崩溃了；不过这都没关系……"凡·高从来没有放弃他的信念：艺术应当关心现实的问题，探索如何唤醒良知，改造世界。

　　4月的行知课丰富多彩，围绕艺术节开展各种孩子们喜欢的活动。行知课堂是孩子们喜欢的课堂，这是他们的舞台。我打开行知课的课程，有好多丰富的内容，让孩子们挑选一个，音乐还是美术？他们选择了美术，选择了凡·高。

　　当视频在随着年代的发展介绍凡·高的生平、作品、绘画风格的变化时，我看到了孩子们不同的表现。往日里不太安静的孩子伸长了脖子，聚精会神地看着凡·高的自画像；孩子的眼神中满是欣赏、崇拜与敬仰；坐在后面的孩子站起来，盯着画面，静静地欣赏着……那是对艺术的向往！

　　随笔1：天才在左，疯子在右。就算是世人无法理解的疯狂举动，也无法掩饰他的才华。时光永远都会证明这一点。他用杏花照亮了整个家族，却无法再用向日葵点亮内心。如同那场南极的悲剧，纵使主角早已逝去，他却在无数人心中留下了难以磨灭的圣迹。画布上的颜色，早已印在世人的眼里和心里。

　　随笔2：今日之欣赏，印象深刻。其中的《杏花》是我心中的代表作。因为他弟弟即将出生，他画了一树盛开的杏花，象征着鲜活的生命，这幅画成为凡·高家族中的象征，挂在凡·高家新生儿卧室的墙上。时代不忘他的伟大。

　　随笔3：今天看了凡·高的作品集之后，十分震撼，但也为这位伟大艺术家悲惨的命运感到惋惜。在他不同的人生阶段，作品风格是不同的，从他的画早期色彩暗沉到后期鲜艳明快，可以看出他内心渐渐变得豁达，他对艺术的追求从未动摇过，在这途中太多的苦难都无法使他屈服，哪怕他最后抱着遗憾死去了。虽然他和他的弟弟对艺术有着许多激烈的争吵，但他与亲人的关系依旧那样好，他给弟弟的信一直保存至今，被誉为凡·高家族的关系树。尽管这位伟大的艺术家在生前没有实现愿望，但他的精神将永垂不朽。

随笔4：他在短短10年的生涯里，创作了近1600幅画作，可惜在他生前只卖出过一幅。短短一句话，让我们看出这位艺术巨匠有过的失落。但这显然无法阻挡他对艺术的热爱，其实对于凡·高来说，也许不只是热爱了，这简直是为艺术献身了。看了《向日葵》那明黄但浅的柠檬色，如同那绚丽的太阳像一把重锤砸在你的胸口，愈来愈烈。凡·高用简练的笔法表现出植物形貌，充满了律动感及生命力。整幅画仍维持一贯的黄色调，只是较为轻亮。这幅画被认为是凡·高在黄房子里面完成的最后一幅大型《向日葵》。它以黄色和橙色为主调，用绿色和蓝色的细腻笔触勾勒出花瓣与花茎，签名和一朵花的中心也使用了蓝色。籽粒上的浓重色点具有醒目的效果，纤细的笔触力图表现花盘的饱满和纹理的婀娜感觉。

随笔5：看了这短片之后，我觉得凡·高是个了不起的人，他是一个艺术家，但是在他生前，没人懂得欣赏他的艺术作品，他没有放弃，即使有一段不堪的经历，他精神失常，甚至割掉了耳朵，但就是在这种时候，他依然没有放弃，继续做着他深爱的艺术，为之陶醉，为之疯狂。他这种持之以恒热爱梦想的精神，是非常值得我们去学习的。

凡·高在给自己的弟弟提奥的信里写道：

我想用这个"永恒"来画男人和女人，这永恒的符号在从前是圣者的光环，而我如今在光的放射里寻找，在我们色彩的灿烂里寻找。

凡·高生命里的色彩冷暖——黄色和蓝色，代表了他生命世界的两极。他内心柔美，为世界而"精神错乱"，产生美的疯狂。

一半学习，一半相遇

相遇的体验是一个灵魂触动，另一个灵魂相遇，听起来是一个主动的发声，但也可能是被动的，当某人看着我，我感觉与他相遇了，仿佛有灵感的火花。相遇现象学使我们意识到相遇是一种深沉的体验，因此相遇的话题在教育中有着巨大的潜力，有幸具备教育敏感性的教师似乎总能触动他的学生。[①]

下课铃声响了，学生起立、转身、排队、有序地走向食堂。目送着一个比一个高的背影，那无法阻挡的青春成长，就在每天的目送中改变着它的节奏。澎湃的心跳，在每个生命体中不定期地绽放出绚烂的青春之花。

习惯性坐下来休息一会儿，缓解因为久站带来的肌肉疲劳。教室里，整齐的桌椅在默默地陪伴着每一个人，坚定地履行它们的义务。后墙角落里的书柜里，参差不齐地歪斜着各种书籍，那是爱读书孩子留下的痕迹。时间不是我们想象中的悠闲和充裕，想用仅有的课间来阅读自己喜欢的书籍，依旧是匆忙而仓促的。总有孩子会在上课铃响的时候才不舍地放下书籍，将思绪拉回到各个不同的课堂。

曾经多么想做一名语文教师，将无数的好书推荐给孩子们，让他们徜徉在书海中寻找更好的自己。读诗书、览史书、阅小说、品名著，但凡能够有的时间都用来读书。唯有读书才是最直接、最全面、最快捷、最容易的涉猎世界、大开眼界的方式。那驻足在书柜前片刻的安静不知有多少思维在时空中碰撞。在书籍的长河里流动的是一颗跳动的心。

可是，我是一名英语教师，虽说语言性的学科是相通的，但是依旧有很多

---

① 蒋开君. 走近范梅南［M］. 北京：北京师范大学出版社，2014.

不同的地方让我感觉到困难，欠缺的语言文学功底和文化底蕴提醒我转到阅读管理上来。为此，我倡导学生捐书、家长赠送书籍、老师选择适合的书籍供学生阅读，征求语文教师的意见，让阅读成为学生语文课外活动的补充形式。营造书香氛围便成了一个重要的活动任务。

看着上千册的书籍，我心里无限感慨：孩子们学习的条件多好啊！我也常常融入他们当中去读很多曾经没有时间没来得及读的书籍。我的年龄是孩子们的三倍，正好都是属鸡的，一个鸡妈妈带着一群小鸡读喜欢的书籍，这是一种幸福。

我沉迷在这样的幸福中，忘却了晚餐时间，依旧坐在讲台上对着书柜冥想。突然，一个孩子推门而入，他又迟疑地打量了一下，我们的目光撞到了一起。

"老师，你还没去吃晚餐？"他疑惑地望着我。

"没有，在看书柜。你这么快就吃完了，第一个兴冲冲地跑进教室来，为了什么？难道是为了遇见老师？"我不经意地说出最后一句话来。说出去的话收不回来了。我有点懊悔。我们每天在一起的时间很多。班主任的事情很多，往往是一些令人烦恼的管理，何谈相遇？知音知己才觉相遇的好。

他低着头收拾书籍和笔记本，沉默着，没有说话，一定在想如何回答我的问题。收拾完桌子，他抬眼看着我说："一半学习，一半相遇。"

他大方地走到我的面前，侃侃而谈。他来学校主要就是为了学习，通过自己的努力，学到不曾拥有的知识，丰富知识，开阔视野，为未来走出校园打下坚实的知识基础，在自己被选拔的时候有更多选择的空间。他平时就是一个爱说爱表达的男孩子，我第一个月接到新班的时候，他就通过这样的方式让我了解了班级的很多情况，给管理带来了好处，我心存感激。所以，我愿意听他说话，加上他特有的表情和手势，我们之间的沟通轻松、随意而快乐。

"一半学习"，这是多么了不起的理解。说到学习，很多家长和孩子以为到学校来学习就是唯一的事情，除了学习什么都可以不做，最后即便是成绩优秀的孩子也会有人际交往欠缺、身体素养不好、思维发展不健全等问题。如果学生成了学习的机器，这样的教育是值得思考的。我很赞同他的说法。

但是我不理解"一半相遇"的说法。我望着他，他看出了我的疑惑，娓娓道来。

59

他的相遇就是遇见来自不同地区不同层次的同学，遇见不同学科的老师，遇见不同思维的交换学习。

通过致歉卡，他才真正意识到自己遇见了一群真心爱他的室友。曾经他总觉得室友们不理解他，捉弄他，不支持他的管理，一度苦恼的他多次向我倾诉，我一边帮助他分析，一边教会他换位思考，但是依旧不能解开他的心结。在行知课上，他收到了好多张致歉卡，曾经不理解他的室友给他友好道歉，他们握手言和、幸福拥抱，他们的眼泪消除了误会。他说那一刻他好幸福，也才真正意识到室友们是在意他的，是支持他并关心他的。真心的相遇是成长中的幸福。我在心里为他思维的转变点赞。

遇见朋友让友谊的小船在青春的流年中扬帆远行。同样，他也遇见了有爱心、责任心的老师。老师是他的引路人，给予他知识。在他求学的路上，不同学科的老师就是不同知识领域的先行者，追随老师是一种虔诚。老师也是他成长的引路人，教会他做人的基本道理，这些是他受用终身的修养。这样的遇见同样是幸福而美好的。

一个12岁的学生，简单的一句话概括了学习的境界。他已经道出了孩子学校生活的主流意识：在学习的同时还有成长的需要。我不得不佩服他的理解。因为理解，才会珍惜学习的机会，努力进取。因为懂得同学、老师相遇的价值，也才会珍惜彼此的感情，在良好的人际氛围中使学习生活其乐融融。

一个懂得交流的孩子，一句话、一个手势、一个低头的沉默、一次坦诚的表达，都是我眼中的无价之宝，其中饱含了珍贵的心和淳美的情感。

在我的信念里，每天都有学生成长的故事在续写，有成长和创造，有新的思维和理念触及彼此的心灵，有更高的知识境界，那一天，学生和我是成功的。范梅南在他的演讲中讨论了五种相遇：亲情式、尊重、赋予价值、负责式与信仰式。它们在教育实践中分别对应五个词：关心、尊重、价值、责任和爱。范梅南讨论相遇教育学的原因是如今的教育越来越陷入工具主义、技术主义、经济主义和管理主义。人们关注的是有效性、效率、结果和教学技术。相遇是一种心智的交流，在教育中则是教学相遇的时间。教学即触动。[①]

① 蒋开君. 走近范梅南［m］. 北京：北京师范大学出版社，2014.

不会改变你的青春

青春是美好的，人生只有一次，它不可逆，不可重复，不可复制。

青春是如此易逝，又是如此懵懂无知。你都还未来得及品尝它的苦涩，自己还刚跟童年说"再见"，就已走出了青春的围栏，步入而立之年。

青春是一条河流，时而平静如斯，时而波澜壮阔，时而湍流似野马浩浩荡荡奔向大海，时而是安静的小孩静卧在广阔的平原、山峦的怀抱。谁也没有办法说清楚青春到底是什么，它会带来什么，就在自己一次次呐喊青春的时候，它已经是昨天的日出、晨光、风雨交加、春光明媚和昼夜更替。

你是青春的生命，健壮的身体里奔涌着血液，你的身体散发着灼热的活力，那眼神像是要融化了岁月一样的焦灼，那神情像是一座雪山经历四季的孤傲又如脱缰的烈马。

你是青春的生命，站在我的面前，高过了我的头顶，让我看到了自己的渺小，仰望着你的孤傲和不逊，满眼是期待和呼唤。

我明白你是青春的使者，我知道你是青春的代言，我感知到你青春的逆反，我在接受你青春的种种迹象和烦恼。

教室里皱着眉头凝望，渴望求知的源泉，在交流中滔滔不绝地呈现，面红耳赤地讨论，在辩论中的逐级思考和进步。我们用掌声和鼓励为你喝彩，用沟通和演讲给你机会展示，用活动来释放你青春的能量，让你在求学的路上，在合适的港湾安全着陆，出落成一个礼貌、文明、有修养、有文化、有朋友、有沟通能力、能驾驭自己的学习、构建自己良好品格的少年、青年，这时候，你才是真实的，真正的青春代言。

但是，站在走廊上的你我，并不是一帆风顺的合作者。你有你的思维，我有我的解释；你有你的理由，我有我的原则；你有你的内心，我有我的理念……我们有时候是朋友，肩并肩地在同一条跑道上奋斗呐喊，回头的刹那是鼓励和欣赏的心领神会；我们有时候是同学，手捧着书在晨光中一起阅读，走向书的世界，在书籍中寻找安置心灵的空间，那不经意的一瞥，是相互满意的欣赏；我们有时候是辩论的对手，你是反方，我是正方，我总是被你的青春带离正方的轨道，最后却要将你说服拉回我的轨道，艰难曲折是挑战；我们还会是吵架的对手，你不懂我的内心，我不接受你的世界，背道而驰是最好的解释，却拗不过我们是合作的双方，剑拔弩张之后，进入恢复期、冷静期，从而走向和谐的统一。

这时候，你一定认为我要改变你的青春，阻拦你的脚步，阻挡你前进的路。可是，亲爱的孩子，青春王国里的王子和公主们，我从来就没有想过要改变你们的本性，每一个独立的个体都有存在的理由，每一个孩子都是天才，每一个生命都有一段历险的奇遇。我只想你在遇到困难的时候，会从容解决；遇到情绪的时候，会自我把控；遇到是非的时候，会明辨事理；遇到挫折的时候，会勇敢面对；遇到选择的时候，会有更多的机会；遇到野蛮的时候，是文明的代言；遇到愚昧的时候，是知识的象征；遇到无知的时候，是文化的使者；遇到恶劣的时候，是修养的品牌。

孩子，我从来没有想过改变你的世界，我总是在你的世界里，在你要走过的某一段路上默默地陪伴你，偶尔搀扶一下、指指方向、寻找出口，让你在走出山洞的时候，呼吸到自由的空气，沐浴阳光，继续前行。在遥远朦胧的世界里，有一个摆渡人时隐时现……

月全食之夜

中午就听见手机不停地响，全是陌生的电话，我不敢接起。随后，依旧有不同的电话进来。我忍不住接起一个电话："罗妈，我是川川，放假了，我要过来看你！"听到川川略有变化的声音，再联想到那些不同的电话，我似乎明白了什么：那些电话一定是学生打来的。

不是说好了不要再回来看我吗？你们不是已经答应了我吗？我的脑海里闪现出初三时几个男孩子调皮的样子，你们站在办公室里和我闹脾气，对天发誓等到毕业后再也不回来看我，要让我失望到极点。办公室里的同事听见几个孩子的说法都忍不住想笑。自然，我没有把你们的话当真，更不可能与你们较真。你们是谁呀？青春年少，少语轻狂，深一句浅一句的，有口无心。当那些镜头还依旧在眼前浮现的时候，一晃半年就过去了。你们一到放假就迫不及待地奔我而来，过去的誓言都成了浮云。我一遍一遍地回味着初中相处的日子，直到傍晚时分才有机会与你们相聚。

在一家名叫"人民公社"的餐馆见到你们。川川已经1米8有余，高而结实，脸皮红彤彤，还有初中时会说话的眼睛，迎着我上了二楼。服务员很热情，而且已经知道了我的身份，主动迎上来，老师长老师短地招呼我坐下。好家伙，五个女孩，五个男孩，左右各一侧，我坐上了中间特殊的位置。热情洋溢在脸上，心里有掩饰不住的喜悦，七嘴八舌相互问好。我一个个仔细看过，脸上几分成熟，眼中几多青年的热情，言谈中少了些直接，多了些谦虚。丁丁健壮，川川高大，智鹏英语进步了，伟伟羞涩一笑，静一长胖了，瑜改变了发型气场也随之变化，梓涵和勤依旧是小清新可爱，叶子喜欢笑了……

兴奋聊天，话题从初中到高中，从英语到其他学科，从爱好到恋爱、游戏，还有文理科的烦恼。即便是烦恼在此刻也是一句话的功夫就成为过眼烟

63

云。望着眼前的年轻人，真是羡慕。什么都可以重来。只要不如意，可以重新选择学科、班级、爱好。受伤了，哭一场又回来气场逼人。吵一架又会在游戏中、尬聊中恢复时而被掀翻的友谊小船。想想曾经和丁丁在教室里追逐的尴尬，无法形容的生气和愤怒，现在不也是烟消云散了吗？他们仿佛有无穷的力量来和周围的世界较量，这便是青春，走到哪里都是一团火焰，灼烧着他们的世界。

今晚还有一件大事：月亮"女神"将上演"月全食血月＋超级月亮＋蓝月亮"三景合一的天文奇观，150多年一遇。我国绝大部分地区都能够看到。你们很兴奋，话题急转到月全食。餐后，一群人到广场寻找月亮，周围都是高楼，不见月亮的影子。静一说，我知道月亮从东方出来。恰好所站立的地带不好辨别方向。瑜从网友那里得知在石油大学附近能够看到，你们与我在小区门口分手，你们看月亮我回家。但是当我回转身的刹那，看见月亮已经高高挂起，而你们已经走远，一个电话呼叫你们回来。再次跑到我的身边，十一个人就这样站在小区的门口看月亮，还不停评论。月亮在天空中隐没，引来你们惋惜的叹息；月亮再次露脸，引来你们的欢呼。路过的行人不知道我们在看什么，也凑热闹地望望天际："古铜色的月亮！"

地球半影接触月亮瞬间，月亮的左下方开始发灰。19：48：27，初亏开始，地球本影初次接触月亮瞬间，月偏食景象产生！肉眼可以看到月亮左下方开始出现缺口。20：51：47，食既。地球本影完全包含月亮，此时的月亮泛起古铜色光芒，非常好看。21：29：51，食甚。月亮位于本影最深处，是月全食中月亮表现得最为灰暗的时刻。22：07：51，生光。月亮从地球本影冒出的刹那，月全食阶段结束，月亮的下方开始出现光亮。23：11：11，复圆。月亮完全脱离地球本影，恢复一轮满月，只是右上方还有点发灰。00：08：29，半影月食终。

我们没有看完月全食的整个过程。寒冷的夜晚，手脚冻僵了。与你们在一起，快乐的时光就像方糖一样。通过网络，我们一起了解了月全食的知识，了解了月全食的整个过程。通过观月，我们感受了浓浓的师生情。这时候，没有成绩的计较，没有表现的比较，没有学业的压力，我们已经不是曾经的班主任和调皮的孩童，不是警察和熊孩子的较量，没有心理负担，全身轻松。

我无数次反省，将成绩作为评价孩子成长的唯一标准是多么不公平。无论成绩好坏，作为孩子，他们首先是一个正常的人，正常的儿童。教育需要服从孩子的成长，为孩子的成长服务的教育才是最人性化的教育、最切实际的教育，也才会是最受欢迎的教育。我相信，这晚的晚餐和赏月的经历都是书本上没有的东西，是我们现实生活中发生的情景，我们将会终生难忘。

一封家书耕心

在林清玄的《玄想》一书中，讲述了这样一个佛教故事。

佛陀在菩提树下，将成正觉，魔王大为紧张，用了一切威吓、美色、恐怖、扰乱的手段，希望阻止佛的成道。

当一切都无效的时候，魔王只好自己出马。魔王说："我只问你一句，如果你能回答，我就立刻消失。在你之前有无数的修行者，他们的修行比你用功，花的心血不输给你，但是，从来没有一位修行者，敢在坐下的时候说：'若不得证，不起此坐！'你凭什么这样说，又凭什么确定自己一定会得证呢？"

佛陀默然不言，伸出一指，指着大地。魔王波旬，长叹一声，立刻与魔军消失了。大地一片清朗，在天将明之际，佛看见天边的一颗明星，开悟得证了。他一指指地，是在说他所做的一切，大地已经留下了证据！

他的所思所行都在大地上做了记录，农夫是"犁田"的人，而他是"耕心"的人！"耕心"的人，把一切写在心上，无垠的大地，是他的稿纸，笔墨浓淡，是他的修行。

班主任其实也是"耕心"的人！把学生的一切都写在心上，有形的教室无边的世界，这就是班主任的田园，那一个个学生便是他们的稿纸，他们倾注无限的笔墨，修心与修行同在。

与班主任同行的还有学生和家长。在这个充满生机活力的田园中，缺不了他们的舞台。要将舞台上的一切活动都记录在丰富的纸页上，便有了一场场"耕心"的演绎。在这些演绎中，班主任是导演，家长和孩子才是主角。我们的"耕心"活动悄悄地拉开了序幕。

在2018年新年到来前一周，提前和家长协商好，请他们给孩子写一封信，手写和电子文稿均可以，表达自己对孩子的深情，谈家事、忆往事、念过往、寄希望……父母的爱，如涓涓细流慢慢浸润孩子的心田；父母的话，如冬日暖阳温暖着孩子幼小的心灵；父母的行为，如海上高挂的灯塔照亮了孩子前行的路……孩子是父母幸福的源泉。只有心灵淡定、宁静，继而产生的身心愉悦，才是真正幸福的源泉。当父母静下来、坐下来仔细地想，坐在桌前一句一句地写下希望、期盼和寄托，在字里行间布满对孩子爱的音符，通过无声的对话，说出不曾说过的话，说出不好意思说的心情，说出难言的种种……这就是在"耕心"，这是一场无声的爱恋，真切地爱到骨子里。

2017年12月29日下午，学生们盼望的行知课到来了。这是这一年最后一堂行知课，没有提前的彩排，没有任何的信息。走进教室，我的田园，活蹦乱跳的孩子们围过来看着我手上的信件很好奇。哪来的信件？还厚厚的一叠。我将信件一一发放下去，在黑板上写下当日的主题"读一封家书"。

我站在讲台上环顾教室，观察着孩子们的情绪变化。学生最初的好奇慢慢发生了变化，那课间嬉戏的表情消失了，表情逐渐凝重起来。首先听到了个别女生的抽泣，然后是一片，继而看到了几个男孩在掩饰自己的激动，眼泪顺着脸颊簌簌而落。不知道他们读到了什么样的文字，不明白家长们写了怎样的内容。在教室里转悠的我，也为之动容。时不时关注一下伤心的孩子递上纸巾；转身将一个女孩的头倚靠在我的手臂上；俯身安慰那伤心落泪的小男孩；回头一个眼神，与一双双婆娑的泪眼相遇……依旧有几个男孩默默地读信，思索着每一句话的内涵，他们表情很平静，但是内心一定有澎湃的回流。

如果父母的一封家书，让每一个孩子都哭泣落泪，并不意味着就是好的家书。真正好的家书要引起孩子思想的共鸣、思前想后的回味，在回味无穷的共鸣中思考、剖析、审视，读懂父母的心，看懂简单文字里的内涵。有孩子说自己不知道父母居然为自己做了很多自己不知道的事情；有孩子说曾经与父母吵架是多么的幼稚，很后悔；还有孩子说以后再也不和父母逆反了……无论孩子们有什么样的心情，这样的家书一定起到了很大的作用。以撒·辛格说："世界上有那么多的苦难，唯一的补偿是生活中小小的快乐、小小的悬念。"孩子们从家书中读到那些小小的快乐、小小的悬念了吗？我担心依旧，却在回首的刹那，看到很多孩子在给父母写回信了。这是一个主动的行为，没有任何的提示，也是这次"耕心"活动没有安排的程序。

顺势而下，我默默地等待孩子们给父母写回信。他们有的依旧泪流满面；

有的渐渐平复了情绪，寻找回复的切入口；有的再次读信后提笔疾书，那笃定的眼神透露出自信，那疾驰的笔触流露出他有很多话要告诉父母。

站在孩子们中间，今日与众不同。安静的教室只闻沙沙的书写声。之前还在调皮的孩子，仿佛瞬间长大懂事了。他们没有和其他同学的语言交流，那一刻，一定只属于他们和父母，这是不容许任何人打扰的瞬间，也是最珍贵的时刻。守护着52个孩子的田园，任凭他们在信纸上写着给父母的话。此时此刻，他们也如同父母一样，经历过家书的情绪涤荡之后，静静地坐着，用笔墨来表达对父母的爱恋与感恩，用心来述说自己的心事。这是难得的时刻，不知道在他们的12年里，有过多少次这样的述说。在信息化网络时代，似乎写信已经变得不重要了，要表达情感可以采取很多方式，直观的、动态的、静态的、快捷的……但是对于学生，都没有一张信纸来得更加深情，文字中沉淀着语言的魅力和情感的流畅。

当我望着手持家书的孩子们时，我的内心是幸福的，因为一个小小的活动，居然带动了繁忙的家长，用一封家书将父母和孩子紧紧联系在一起，使家长在家书的往来中收获没有过的情愫，感知渐渐长大的孩子的心灵，这便是"耕心"要起到的作用。

亲爱的小孩，要通过家书时刻记得你的珍贵，爱你所爱，行你所为，听从你的心灵，无问西东！

吵架中升起的欣赏

　　我从事教育工作25年了。现在才突然发现，真正敢在课堂上和老师叫板的学生，真的也不多。这是不是我教学的一种失败？我不停地思考着这个问题。带着问题，一步步走向更深层次的教育，我们的教育到底出了什么问题？为什么很多孩子会因为纪律问题、作业问题、危机事件，在课堂上与老师较量，但真正能够围绕老师的课堂内容、知识等和老师叫板的学生，真的不多。曾经走过的25年间，也有那么一小拨孩子，他们在课堂上，用尽了各种各样的办法和老师叫板。他们让我感到惊喜，因为他们获得了发展。

　　我遇到过一个女孩，因为对于班级管理感到不公平，在班会课上和我吵架。我说一句，她顶一句，我说一个理由，她有十个理由。全班同学就看着女孩和我，你一言我一语，在教室里的对角线上拉开了架势。我站在教室一角，她站在教室的另一端，语速急切，打机关枪一样。我想说服她，而她也想说服我，我们相持不下，坐在下面的学生，就看着我们俩吵。下课了，我离开教室算是主动结束吵架。在办公室里左想右想，还是觉得女孩有道理，第二天，我直接在班上宣布女孩为班长，并向同学解释了这样选择的理由。学生们看着我，抿着嘴，掩藏着笑，我知道他们是在笑话我们昨天吵架的事情。我大声告诉他们："只要是有道理的，可以为班级管理所用的，我都可以接受并且放心地把班级交给她。"事实上，在后来的班务管理工作中，女孩很能干，带着班上的同学勇往直前，硬是将学生管理班级的尝试变成了事实。

　　师生之间的信任和欣赏往往建立在相互沟通之上。如果没有这样一次偶然的吵架，我不会了解她真实的想法和做法，也不知道她有能力去管理班级，至少不会马上发现她的潜在能力。不打不相识，我们在吵架中结缘，为了一个共同的家园——班级。越是走向未来，对这样的思考越多，我们越是应该将手中紧握的权力下放给学生，让学生在学习的同时真正拥有体验的机会，有感悟的行动才不是盲目的行动，也才对现实的需求更加有价值。

时间一晃就是12年了。她以优异的成绩考上了上海财经大学，现在回到成都上班。就在今天，我们俩偶遇了。我在她的家乡做短途旅行，不经意地给她发了一个微信。即刻她就出现在我面前，是那么意外，又那么落落大方。她看着我，微笑着，就像女儿站在妈妈面前一样，亲热地叫我罗妈妈。在吃饭的时候她总是把我照顾得很好，叮嘱我这样叮嘱我那样。在饭桌上，我们依旧回到了那一次吵架。她说："一个学生，有自己的想法就要和老师交流，敢于当着同学的面和老师交流，交流的方式可以不同，写信，当面沟通。但这一次吵架，让我感到畅快淋漓，吐露心声，痛快。"她俏皮地问了我那个时候是不是非常生气。我微笑一下，我想用我的微笑回复她，那是我所有的态度。学生能够和老师以不同的方式沟通交流，那需要多少勇气？老师可以经常遇见各种各样的沟通，而学生则是难得。虽然形式有点让人不能够接受，但事实上，她是在质疑，是具有批判思维、有胆识的。她敢于在公众场合表露自己，让所有人感觉到她的关心、关注以及细心。对于这样的女孩，我发自内心地欣赏。

看着站在面前的她，白白净净、笑容满面、青春飞扬，我内心十分感慨，除了祝福，更多的是希望她的路越走越宽，用她的胆识去征服这个世界。

我是你五分钟的老师

老师是一个特殊的身份和符号，有时候如一道不可逾越的高墙，学生眼中的师道尊严常常不可逾越。有时候又是一个不断变化的角色，"三人行必有我师"便是最好的解释。

2017年10月26日，大课间休息，同学们完成了该完成的事情，陆续走进了教室。物理的纠错本和笔记本已经发放到每个同学的手中。初二学生刚接触到物理新学科，很多同学不懂学习方法。尽管笔记都做得很好，但是没有整理、复习、归纳、理解、转化的过程，老师必须想办法引导学生好好利用笔记来学习。从批改的情况来看，他们正在学习光的反射，每个同学都画了光的反射图，于是，我们就在仅有的10分钟之内进行了一次简短的复习。

一、自己即老师

我让学生自己在草稿本上画草图，一边画一边口述光的反射、它的入射角、反射角等，让同学们把图和语言叙述结合起来。同学们按照这样的方式去做。我瞬间听到了学生描述性的语言，也看到了草图被描绘在草稿本上。

同桌即老师。让同桌同学相互叙述，第一次看着图，用手指着途中的箭头方向进行理解性的叙述。基本上每个同学都能够用自己的语言叙述出来。第二次不看图，用自己的语言描述出来，而这一次才是挑战。提醒学生不要死记硬背，而是应该脑子里有图像留存，根据脑子里的图像来叙述。

朋友即老师。寻找自己的好朋友做五分钟小老师，给好朋友讲解一遍图的含义。要求看着图片，指着图片，用语言叙述出来，要将入射角、反射角以及其他相关的信息，通过手指头的指向和语言的表达向好朋友解释出来，就像老师上课一样，将黑板上的图片当着全班同学介绍出来。同学们按照我说的方式

71

继续完成了这一步，当三步都完成之后，基本上同学们在脑子里面都能够记忆起图片来，流畅地说出相关信息。

我随机抽取了几个同学调查一下，问他们这样做有什么好处。

第一，一边画草图，一边叙述，让自己用语言将图片和知识结合起来，思维更加清晰。既可以用语言来识别图片的信息，也可以训练自己组织语言的能力。

第二，同学之间相互描述，有可能会出错，那么对方会提醒自己，这就是一个学习的过程，也是知识转化的过程，同时体现了同学之间的相互合作。

第三，如果自己要给同桌像老师一样讲解清楚，那说明自己需要完全弄懂这方面的知识。因此，通过这种方式可以促进自己对知识点的理解和迁移，提升自己的能力。

第四，在将图转化成文字、将文字转化成图的过程当中，可以训练学生的表达能力，让平时不爱开口的学生在同学、同桌的面前可以自由地表达，这也是一种训练。

二、学生解读老师的含义

学生说：老师是可以站在讲台上讲课的人，老师是解决疑难杂症的人，老师是传授知识的人，老师是和学生一起讨论问题的人。

学生说：老师脑子里存储了大量的专业和非专业的知识，脑子里面装着知识，加上训练有素的口才，就可以完全讲出来。老师讲课是在传授知识、输出知识，我们学生就在接受知识、输入知识。

学生说：我们也可以像老师一样将自己从老师那里学习来的知识讲给同学听，就是将输入转化成输出，有了输出才有理解性的收获。输入和输出的和谐统一才能掌握知识并自如地运用知识。

学生说：我们也可以将这样的方法作为一种经常尝试的学习方法，将知识讲给同学听，提升自己的理解、分析、表达能力。今天我们的训练方式就是这么一个道理：将知识先储备到自己的脑袋里，然后讲给同桌听，让自己做一次老师，体会一下老师讲解知识的过程，同时自己也会有所收获。

学生停留在教师对知识教学和知识技能的认识中，其实他们没有深刻认识到在简短的几分钟里他们所做的已经远远超过了知识和技能的转化。学生与自己的对话、与同伴的交流、与老师的交流、与笔记本的对话以及相互之间在教室里形成的学习共同体，在同一个场域中语言的相遇、神态的相遇、心灵的相遇是任何一节"一言堂"的教学无法比拟的，其中所产生的知识转化也是空前的。好的教师具有联合能力，他们将自己、所教学科和他们的学生编织成复杂的联系网，以便学生能够学会去编织一个他们自己的世界。①

① 帕克·帕尔默.教学勇气：漫步教师心灵［M］.吴国珍，等，译.上海：华东师范大学出版社，2014.

草稿纸的故事

　　我经历了这样一个故事，好学生都有一个共同的特质———一种把他们个人的自身认同融入工作的强烈意识。[①]在这个故事里，我看到了两个孩子对周围世界的观察，以及将观察融入行动中去的强烈意识。

　　新学期第一次阶段性考试，按照中考要求，每一科的考试都需要配备草稿纸。学校为学生准备了统一的草稿纸，学生已经习惯了。我在本班的教室监考，坚守着监考教师的职责。

　　第一场考试结束时，学生起立离开座位和教室，我认真收着试卷，将试卷一张一张按顺序叠好，整理整齐，装进袋中。这时从其他考室归来的孩子陆续走进教室。其中一个小男孩，他非常特别，看见桌子上有草稿纸，然后就征求我的意见，帮我收草稿纸。我点头同意了。接着又进来了一个男孩，他看见第一个男孩在收草稿纸，也忙着收起来。过一会儿，又来了一个男孩。三个男孩在教室的桌子间忙碌着，将一张一张草稿纸叠放整齐，这是一个多么平常而普通的行为，我看在眼里，心里为孩子们点赞。

　　小晨突然发现，有的草稿纸还没有用过，就和小翔、小睿议论起来：这张草稿纸还没有用过，我们还可以用来做数学作业、画画、默写……我听到了他们的议论，心里乐开了花。三个男孩站在教室里清理着草稿纸，乐呵呵地数着。

　　第一堂考试就这样过了，草稿纸也被孩子们收走了。第二堂考试开始了，

---

① 帕克·帕尔默. 教学勇气：漫步教师心灵［M］. 吴国珍，等，译. 上海：华东师范大学出版社，2014.

又结束了。结束的时候，三个男孩依旧早一步跑进教室里，帮老师收草稿纸。草稿纸在三双手中变得乖巧起来，被分类整理出来。用过的，就放进垃圾桶，没有用过的，就留下来，再次利用。后来，第三堂考试结束，第四堂考试结束，这三个男孩都执着地回到教室帮我收草稿纸，动作敏捷，又快又好。草稿纸在他们的手中变废为宝，他们还顺手将教室里的座椅摆放整齐，等待回归的同学。

他们快乐、主动的行为让我感动，他们节约环保的意识值得大家学习。我在班上表扬了这种行为。他们不仅愿意和老师合作，愿意帮老师做事情，还从草稿纸上看到了很多孩子没有看到的废物利用的问题，减少浪费，为环保做出小小的贡献。

下课的时候我带着三个孩子走进我的办公室，拿出一包书籍，还有厚厚的一叠本子。这些本子都是我在清理书柜时整理出来的，他们是我女儿没有用完的本子，书籍是女儿读过的书籍。如今，女儿已经上大学，用不上这些了，我就让他们挑上一本自己最喜欢的书和一个草稿本。他们惊讶地看着我，怀疑的眼神望着我淡定而欢喜的脸。我告诉他们：上帝总是奖励有准备的孩子，有些奖励总是不期而遇。于是，他们每人挑了一本书，拿了一个草稿本。小晨居然找到了一本英语故事书，那是我1991年上大学的时候读的书。书虽然旧了，但是里面的内容依然是新的，我对这本书有很深的感情，但是他一看到这本书就爱不释手，我将书送给了他。他们带着书满意地离开了办公室。他们在做这件事情之前，根本没有想到过老师会为此奖励他们。他们难以相信老师会这样看重他们收草稿纸这件小事。

"从字面上说，得到赏识（受到表扬）就是得到别人的认可。有人肯定了我也就是肯定了我的存在，肯定了我是个有生命的个体。"

在班级日记中，小晨这样写道："考试期间，我们收草稿纸的行为居然得到了老师的表扬，而且是当着全班同学表扬，当时我好开心，望着老师，心里扑通扑通地狂跳。老师为什么要表扬我们？更让我惊喜的是老师的奖励，不是不期而遇，而是难以置信。小小举动，暖暖的心情，正能量在我心中燃烧。加油！"

多年以后，学生回顾学生时代的生活，孩子们讲述的故事常常与被赞许、被注意和感觉特别有关。得到肯定和表扬不可避免地与自我认同交织在一起，而自我认同是在"做自己与自我的形成"、在"我是谁与我将是谁"的张力下逐步实现的。范梅南认为要公开表扬和私下表扬相结合，老师可以私下里表扬孩子，而在公众场合或有其他人在场时，孩子对表扬的感受会更为强烈。为什么呢？因为在获得表扬进而产生自豪感的过程中，其他在场的人也置身其中或成为见证人。"①

---

① ［加］马克思·范梅南. 教育的情调［M］. 李树英，译. 北京：教育科学出版社，2019.

不害怕孩子出错

教育是心灵的艺术。苏霍姆林斯基曾这样谆谆告诫教育者："请记住，教育——首先是关怀备至地，深思熟虑地，小心翼翼地去触及年轻的心灵。"按我的理解，这里所说的"触及年轻的心灵"自然包括教师和孩子的谈心——"关怀备至"说的是"细心"，"深思熟虑"说的是"慧心"，"小心翼翼"说的是"耐心"。如果面对孩子的第一次求助，我们能够表现出"关怀备至""深思熟虑"和"小心翼翼"，我们就能真正成为孩子精神成长的帮助者和引领者，并继续赢得孩子第二次、第三次乃至永远的信任！

2004年9月，我应聘到了新都一中实验学校当初一（6）班的班主任。当时我遇见一个高高的、胖胖的、小小的眼睛、短短的头发、皮肤白净、人看起来很温文尔雅的男孩。同学们都叫他欢欢。

他的家庭是留守家庭，爸爸远在郑州，妈妈远在新加坡，因此他就跟着外公外婆一起生活，但是外公外婆的家庭是比较复杂的，所以很多时候他显得非常孤单。每个周末他的外公来接他回家，陪伴他度过周末，星期天的下午又送他回到学校，似乎一切都很正常。他来来往往很多时候是一个人，偶尔能够看到他和同学一起玩耍。

过了一段时间，我们渐渐发现教室里面的东西，很多都遭到了破坏。有的同学的杯子突然不见了；有的同学的书突然被划破了；有的同学的书包带子断了；有的同学的桌子有被划伤的痕迹；也有的同学的塑料杯突然多了一个洞；教室的窗帘不知不觉被撕开了。我们都不知道是谁干的，没有同学发现是谁。

我们在沉默中观察，在观察中仔细地搜索证据。后来在一个中午，有人发现欢欢用刀子把同学的书包带割断了，但是他就是不承认。又等了一两个星期，我们渐渐发现破坏行为还在继续。后来我找他沟通，但是他始终不承认自

77

己的错误行为，用各种理由来搪塞我的交流，甚至还有很多的不满意，用眼睛斜视着我。

面对这样的情形，我只好亮出底牌。

我一直在想该怎样来处理这件事情，上报德育处给他一个处分？还是劝其退学？或者是转到别的学校？反正要处理他的办法很多，但都不是我最想要的。如果说给他记过，那么他的心里会留下什么？如果将他赶出学校，那他会去哪里？他的家庭会给他什么样的支持？我想了两个晚上，最后决定和学校总务处商量，请他们到教室来看一看学校的窗帘，检查一下，将损坏的桌子检查一下，让他们估计一个赔偿的价格，然后我通知欢欢的外公到学校来。一个垂暮之年的老人带着自己的外孙，外孙比外公高了很多，我将所有的事实告诉他外公，他当着孩子的面说："这个钱我们应该赔。不管赔多少钱都应该的。只是要欢欢拿出自己的零花钱来赔偿，外公是不会负担一分钱的，因为这不是外公犯错。外公也没有叫你这样犯错，这也不是爸爸妈妈的错，也不是同学的错，更不是老师的错，无论发生什么，你自己都不应该用刀子去破坏教室里面的公物，所以你要为自己负责，为你自己的错误行为承担后果。当你赔偿之后再接受德育处的处分。"

我听了这话，心里知道了外公是很支持我的。欢欢看着我们俩默默无语，第二天将自己的零花钱交到了学校总务处作为赔偿金。然后我们又进行了一次沟通。在这一次的沟通当中我才发现，他很孤单，很多时候想爸爸妈妈，但是只有通过电话联系，而打电话也只在周末，内心无处发泄，才破坏公物，以此来发泄自己内心的不安。我了解到这一切，我也为孩子感到难过，但是处理要执行。我尽力安慰这个孩子，然后打电话给他爸爸，但是他爸爸要在第二学期才能来看他。他妈妈也不知道什么时候才能回来一次。

我多次想起这个特殊的案例、特殊的孩子、特殊的家庭。经历的特殊给予他特殊的选择。在一次次反思中，我写下了下面的思考。

（1）父母陪伴教育的缺失是青春期孩子成长一生的遗憾。

这些遥不可及的父爱和母爱，由于各种家庭背景造就的家庭教育观参差不齐，这是教师无法解决的问题。因此，与其等待家长缺失的爱，不如在学校里面，我们老师和同学都给他一份爱。渐渐地，我在班上有意无意地将欢欢纳入我们的活动当中来，然后在同学面前表扬他好的地方。过了一段时间，教室里面的破坏行为消失了，同学们为他的改变而感动，我也为他的进步而感动。

（2）教师要思考良好的教育办法，成为青春期孩子的摆渡人。

从那以后，欢欢再也没有破坏过公物，我想是不是我们的处理办法是正确的，在他的记忆中没有德育处的处罚，也没有面临转学或是退学的危机，这让他在班级里感觉到了温暖的存在。虽然没有爸爸妈妈在身边，但是同学和老师陪伴他的三年是快乐的。这三年时间是怎样的青春啊！一个孩子由童年进入青年，要经过青春期，要经过多少心理的波动、挣扎、斗争、改变以及各种各样的不良情绪、憧憬、梦想、懵懂。这是一个复杂的成长过程，是一个孩子要面临的最关键、最难熬的时间段。但是很多家长并不知道这一点，他们认为孩子经过小学，到了初中，长大了就会顺其自然地乖起来，懂事起来，自己就会减少很多很多的麻烦。但事实上，青春期的发育不顺利就足以摧垮一个孩子。所以从这件事情上，我感觉到欢欢是幸运的，他遇到了一个非常明白事理的外公，遇到了一个有爱心、有新理念、很善良的老师给了他一次机会。他的这条路就会很好地走下去。后来初中毕业他到新加坡去上高中，并在新加坡定居下来，终于和妈妈在一起了。

（3）感谢遇见犯错误的孩子，有的错误是美丽的邂逅。

2010年到新加坡访问的时候，我和他取得联系，但是没有看到他，他告诉我他还在上学，还在过语言关，很辛苦，也不能出校门来见我。作为学生，他能够踏踏实实地学习让老师感到何等的幸福。我们彼此理解，最重要的是只要他平平安安、快快乐乐、有自己的目标和目的，我就感到非常开心。

欢欢事件，不仅改变了欢欢的人生，也教育了其他学生。所谓榜样，有好有坏，但是力量都是巨大的。欢欢起初是后者，但是随着发展，他也成为好的榜样。同样，这里的外公和老师也是好的榜样，二者为欢欢的成长铺垫了一颗温柔善良的心。这件事情的教育，让我们看到了一种张力：教师和家长需要有一种能力，将不好的榜样示范转化成好的榜样示范，将消极作用转化成积极作用，这样，教育的示范性就彰显出来了。

致谢欢欢！致谢外公！致谢老师！

第三篇

"四" ——寻寻觅觅

归来是成熟的少年

曾经和这个少年依依惜别，因为他要踏上自我成长的征程。他是唯一一个拿走我的清华大学纪念章的学生，他还要走了我的笔记本。纪念章和笔记本里一定藏着他的梦想。他要远行，我要目送。我要送走他的稚嫩，等待他归来成为成熟的少年。

妈妈一早就微信我，你要回来看望老师。我一直忙碌着，没有工夫计算你回来的具体时间，没有多想，便一头扎进工作，一忙就是下午3点多了。你穿着白色的亚麻衬衣，长高了，脸上的稚气褪去了不少，成熟了很多。自信的笑容、自如的谈吐、说话时在胸前滑动的手势，都比以前成熟老练了。生命是不可逆的，成长也是不可逆的，看到你的到来，我兴奋开心。拍拍你的肩膀，结实了许多，将你迎进教室，你说你还想听我上课，还想留下一串回忆。

你站在教室的后面，弟弟妹妹们十分兴奋好奇，望着突然而至的大哥哥，眼睛里闪着光芒。待我讲完周末的事情，你大方地走上讲台，站在自己曾经熟悉的讲台，侃侃而谈，十分自如。事实上，你在给他们讲你自己的故事，教室里最调皮的男孩都用崇拜的眼神望着讲台上潇洒自如的你。

未来的规划很重要，但要从最基础的做起。只要想未来实现自己的理想，就要有一次学业愿景的规划。你有条理的演讲一气呵成。

第一，学习要有理想。有了理想自己才有定力锁定目标前行。你讲述了我的笔记本和清华大学的校徽给你带来前行的力量，让你的理想有了栖息地。

第二，学习要静心。心安则能安静，安静才能深刻思考，思考才会有深度。

第三，学习要有热情。初中积累基础知识，高中便是在应用中使用基础知识。没有热情，便不能够面对厚厚的资料和书籍。因此，有热情的学习是真学习，有学习的热情是真热情。

第四，学习要优化方法。优化后的学习方法有助于提高效率。比如，初中阶段使用的数理化叙述性纠错法、英语的语感阅读法、勾画关键词标注信息点法、整理笔记归纳总结法、时间规划管理法、四象限法则等，都是高效的学习方法，让人终身受益。

第五，我们要善待挫折和失败，将它们变成自己的动力。无论哪一次失败和挫折，都是对自己的考验，对自己的挑战。一次不成功并不意味着永远不成功，因为我们很年轻，还有时间可以重来。所以，不要放弃自己的梦想，在失落中站起来，勇敢向前。挫折就是动力，失败就是基石。

第六，我们既要低头耕耘，也要抬头看路。我们不要盲目看书、刷题，蛮干会浪费宝贵的时间，也会让生命暗淡无光。我们要学会抬头看路，在课堂上要学会用眼神、手势、语言、表情和老师互动起来，让学习真实发生；在写作业时我们需要调整时间和做题方法；在交流时我们需要了解对方的接受能力和潜在能力，学会倾听。

我和孩子们一起听你讲述你初中的故事。考铭章班失利之后，你调整好心态，瞄准自己的目标，奋起直追，最终如愿以偿。

放学了，你并没有急着回去，而是陪着我在教室转悠，做放学前的最后检查工作。你说曾经熟悉的校园，给你带来了多少的快乐和希望，让你在竞争中脱颖而出。所谓眷念便是不舍离开，回味无穷，便是常常回来看望自己的老师，细想曾经没有听懂的话、没有理解的含义，从中寻找到自己需要的动力。听着你的讲述，我心存感激，无限幸福。师者，便是在教育之后用一生来收获。

和青春期较量

　　电话的那头还是你的声音，尽管沙哑，但依旧能够辨别你的声音。一声电话问候，足可以温暖到心底。言语不多但是简洁，语调虽高但是少了曾经的飞扬跋扈，声音和语气中透出了你的变化，尽管你告诉我你依旧和从前一样。

　　打完电话之后，我开始回忆我们在一起的日子。大大的眼睛，透明而机灵；俊朗的脸上总是有掩饰不住的笑容，处处有春天。即便是在寒冷的冬季，你寸头上的发梢尖总是有抹不完的汗珠，你说你从小就这样，火气重，热量高，能量强，不怕冷，全身是火。青春期的你天天有事，天天到办公室。我们之间的较量几乎每天都有。

第一次较量：找优点

　　你是一个特殊的孩子，不是因为身体残疾、学习差等问题而特殊，而是因为有太多的小细节让我不安宁，让我提心吊胆每一天。有一段时间，我一睁开眼睛就会想到你的种种事情，满脑子的解决方案似乎没有作用，你永远都是一个状态：精力充沛、无论春夏秋冬满头汗水、好动、好说、好打闹、好表现、机灵、课堂不集中精力、想学习进步、想得到老师的表扬、想尽一切办法玩游戏、走路总是风风火火地奔跑、书写字体小而密、作业永远粗心……

　　初三"一诊"考试结束了，你取得了很大进步，跃居班级第三名。那高兴的劲头无以言表，跳跃的眼神仿佛足以燃烧班主任的脂肪，按捺不住的兴奋让你的各种症状升级并刷新纪录。我考虑着如何在适当的时候以适当的方法表扬你，同时达到提醒的目的。于是，我们开始了思维导图模式的游戏。

　　你坐下来，思考一会儿，开始画图。几分钟后又毁掉了图，重新开始。你的情绪有点起伏。你看着我说："老师，除了考试进步以外，我似乎找不到自己其他的进步了。你可不可以帮我找找问题？"我点头示意。你便在纸上迅速勾画起来，并将自己的具体表现和问题添加在导图中。

　　与此同时，我也在自己的笔记本上绘制了一张思维导图来寻找你的问题，等你绘制完毕，我将自己的导图内容拿给你看，请你勾画出相同点。完毕后，你很惊讶地看着我说："老师，我们的结果怎么会出奇地一致？"我笑着回答他："知己知彼，百战不殆！"你不好意思地笑了一下："我怎么有那么多的问题？"你似乎内心有一点失望。"我请你来是寻找你的进步的，你找不出来，反而找出那么多问题来，看来在你的内心，问题总是占据了上风，压制住了你的优点或者进步。你一口气画出了以上问题，如数家珍，是不是有点不正常？"我试探着继续沟通，"要不，我们再一起来寻找一下你的优点和进步之处？说不定真能够找到一些呢？不信你就试试。我说你的表现，你来归纳优点。看看我们俩是否还可以做到惊人的一致。"

　　你同意了我的建议，于是我们开始了寻找优点的游戏。

　　上课举手发言，喜欢讨论——才思敏捷

　　帮助科代表收发作业——热情大方

　　打扫卫生积极，整理桌椅书柜——内心充满对班级的爱，做事有条理

　　特喜欢体育课，足球、篮球都有你——喜欢锻炼身体

　　见到老师有说有笑——尊重老师，师生关系好

　　见到同学快乐交往——人缘好，友善，乐于助人

　　帮助班级种植花卉——热爱生活，热爱环境

　　我一口气说出了七个表现，你也毫不犹豫地给出了总结性的自评。我注意到你的变化，从脸上的笑容可以看出，你越是往后说越是开心，心境与第一次截然不同。我就需要这样的过程体验，尤其是你自己的认知过程，这是很重要的一个环节。你只知道自己的各种表现，如果不能正确认识外在表现之后的优秀品质，那说明你对自我的认知很模糊。这次疏导，让你看到并意识到自己身上集中了很多优点，促使你去好好利用优点来学习、生活、交友，在青春王国里真正快乐成长。

　　我们的努力达成了共识。你，活泼充满朝气、热情大方充满活力、思维敏捷、动作利索、学习知识掌握快。好好利用这些优点，你的青春之路也会越来越宽广；如果不好好利用就会让自己走向反面，如同刚开始找不到自己的优点一样，心里充满懊恼、失落和缺点，一切都不会很顺利。恰好你就处在这样的

一个尴尬境地，你需要更多的帮助。如何让这些良好的素养变成学习、生活的动力和助手？我们在合作中找到了答案。

第二次较量：从错误中觉醒

午休之后，我回到办公室，看见桌子上有一张物理试卷，一看那字就知道是川川的。一张普通的试卷有什么好奇怪呢？我仔细查看试卷，发现上面居然有一首打油诗，那歪歪斜斜又潦草的字体让人心生难过，内容不堪入目，一种不祥的感觉突然袭来——又是一件难缠的事情，又是一个特殊的案例需要解决，又是一场游戏要继续，还是一个斗智斗勇的战斗。我将你喊过来，你笑眯眯地看着我，用舌头舔着嘴唇，脸上泛着健康的色彩，红彤彤的，气色特好，让人由衷地想到健康。

你不知道发生了什么，看着试卷也没有想个明白。

"试卷是你的吧？"我望着你。

"是，好久以前的试卷了，怎么会到您这里来？"你试探着问我。

"试卷上有值得研究的问题，你想知道不？"我又继续问你。

"什么问题？我不明白。能否给我看一下？"你将身体靠近办公桌低头一看。

你很不好意思地"啊"了一下，就低下了头。双手拽着，脸比来时更红了，这次是因为不好意思。在你的打油诗中，描述了班级里的男女同学，老师也未能幸免，内容很不健康，语言污秽，还有攻击他人人格。我无法想象这样的内容和你能够联系起来。坐在旁边的数学老师拿过去看了看，然后很遗憾地说："刚进初一的时候，你聪明可爱，朝气蓬勃，勤学好问，追着我问问题，感染了我，我心里想遇见了一个优秀的孩子。我也一直期待我的儿子上初中了像你一样优秀，可是现在的你完全改变了，我都不认识你了。怎么办？"数学老师语重心长的话语让你深深地低下了头。

我不打算与你说多少心灵鸡汤。于是，我拿出一张纸，在上面写了八个问题，让你慢慢回答。

发生了什么事情？请详细梳理。——给你机会表达

发生事情后你的感觉如何？请合理描述。——你有机会梳理情绪

面对问题你想要怎样？——你应该有自己的选择

你用什么办法来解决问题？——你需要寻找解决问题的办法

你所列举的办法有什么后果？——你应该去思考事件的后果

经过思考你决定怎么做？ ——你要学会检查自己的判断

你希望老师怎么做？ ——你需要学会寻求老师的帮助

事件结果怎样，是不是自己预料的？

你拿着这八个问题到一处安静的地方去回答。我希望通过这样的方式来了解你真实的内心，以及在你身边到底发生了什么事情。同时，我们都得到时间来思考下一步该怎样做，而你在书写时会对问题有更深入的思考。

15分钟之后，你回到我身边将答案拿给我看。

1. 发生了什么事情？请详细梳理。——给你机会表达

很久以前和同学鹏鹏发生了一些矛盾，各自编写打油诗来调侃对方，不管语言是否文明，只要将对方的缺点都编写进去，嘲笑、挖苦、讽刺甚至是有损人格都行。但是想到了同学，男生、女生、老师，只要和鹏鹏有关的都可以，于是，我把老师您也写进去了。

2. 发生事情后你的感觉如何？请合理描述。——你有机会梳理情绪

在编写的时候搜肠刮肚，写完之后很有成就感，很自豪，自己居然可以通过文字来挖苦辱骂同学，心中畅快，解心头之恨。

3. 面对问题你想要怎样？ ——你应该有自己的选择

我只是想借这个机会证明自己比别人强、能干，让他们仰望我。

4. 你用什么办法来解决问题？ ——你需要寻找解决问题的办法

当时没有想那么多，只觉得这样痛快，但是忽略了同学、老师的感受，忽略了自己内心的空虚，忽略了做人的优秀品质。现在想来很后悔。其实有很多办法来处理同学关系。比如，通过老师来调节，通过面对面的沟通，彼此道歉、学会接纳同学、悦纳自己，男孩也可以用打架来决战胜负。

5. 你所列举的办法有什么后果？ ——你应该去思考事件的后果

前三种会达到和平解决问题的目的，而打架会激化矛盾，会引起更大的麻烦或者更严重的后果。

6. 经过思考你决定怎么做？ ——你要学会检查自己的判断

刚开始我决定用同样的方式来以牙还牙报复他，现在我改变主意了，希望能够和平解决。当时，鹏鹏说他不在乎我怎样辱骂他，的确他一点也不在乎，这一点激怒了我，因为我在乎，所以我没有停止报复他。同样，老师您也在乎，因为我是您爱的学生，是您有期望的学生，我却在背地里骂您，您还在和

我沟通，我对不起您的教育和帮助。请您给我一次机会改正。

7. 你希望老师怎么做？——你需要学会寻求老师的帮助

我真心希望老师您可以原谅我的鲁莽和不尊重，谅解我的冲动和无知，与我沟通，并和鹏鹏一起沟通，让我们可以和解，以后不再这样，好好面对中考，将所有的精力都投入学习中去。

8. 事件结果怎样，是不是自己预料的？

不是我所预料的。鹏鹏不在乎我的辱骂，出乎我的预料。试卷跑到您这里来，更是我没有想到的。我既没有达到报复鹏鹏的目的，又伤害了同学和老师，里外不是，我绞尽脑汁却没有成功。

事情到这里就是一个节点了。我没有说出我的处理意见。周五家长来接孩子回家，顺便与班主任沟通，我没有见家长，却用电话告诉家长，回家和孩子好好交流沟通，家长心领神会带着孩子回家了。五一大假，我接到了你的电话，你在电话里向我道歉，并语言诚恳地表达了自己愿意改正错误的想法。

我一直在思考如何再次与你交流沟通，表达我的意见。从这件事情来看，青春期的孩子什么事情做不出来？只要条件成熟，始料不及的事情都是可以做出来的。但是，我该怎么做，是原谅他们，还是和他们斗下去？

最后我妥协了，在青春期孩子面前，一个更年期的班主任更多地应该表现出宽容、大度、理解、爱护和引导，用自己长期积累下来的人格魅力来引导他们。

返校的时候，我大胆而直接地表达了我的原谅。他接受了，脸又红彤彤的，低下头，说了一声："老师！对不起！"

我们不一般

我们青春年少很有范
咱们轻狂调皮又捣蛋
生旦净末丑任我们扮
青春的舞台是咱们演
我们就是这么不一般

谁见咱们谁说咱们烦
谁不见咱们谁说想念
谁不爱咱们谁不习惯
俊俏小模样讨人喜欢
我们就是这么不一般

我们青涩明朗的笑脸
是青春赋予的小标签
是年轻资本的小名片
咱们就这样肆无忌惮
我们就是这么不一般

优秀的我们校园彰显
课上课下都活力无限
运动场上是我们在炫
学习创新咱们走在前

我们就是这么不一般

梦想就是咱们的起点
拼搏奋斗是我们底线
向上向善使咱们超凡
阳光自信让咱们灿烂
我们就是这么不一般

咱们掀起时代的波澜
助推美好生活的发展
主宰世界咱们说了算
发誓我们一定要兑现
我们就是这么不一般

勇敢地扬起成功之帆
写下共同的青春宣言
当我们站在人生之巅
世人一定为我们点赞
我们就是这么不一般

咱们为熊猫家园代言
家庭是熊猫诞生之地
班级是熊猫成长之园
学校是熊猫快乐之土
世界是熊猫旅行之途
咱们为熊猫家园代言
黑白相生·方圆共济

作业之山——心情涂鸦版

七年级的新生，作业量增长缓慢，学生超级喜欢当前的作业量，"熊猫宝宝"觉得初中学习好轻松，每天晚自习完成作业后，还有时间复习记录、看课外书籍，教室里的书架是他们喜欢的地方，他们总能找到自己喜欢的书籍默默阅读。这样的默认模式持续了两个月。

不知何时何事，画风突变，教室里嘈杂如乐队，聊天的、打闹的、问题的、讨论的、站着的、坐着的，好不热闹，见我过来瞬间安静。可见他们也知道要做什么！但是我成了魔头、安静的化身、黎明前的黑暗，我想，不如顺势把他们折腾一番。

我顺势发了一张阅读报纸，奖励他们的闲聊和无所事事，学生第一次遇见，茫然接下"熊猫妈妈"的奖励，安静了，教室里安静了，与之前沸腾的场景形成鲜明对比。我从开学第一天就培养他们安静学习的习惯，但是到现在都没有完全实现。他们只要一做事就说话。我发现只有两件事情可以制服他们：一件是阅读，另一件是考试。今天突如其来的报纸让他们觉得世界突然不一样了：温柔的"熊猫妈妈"，也可以做出不温柔的事情来。我安静地离开。"你伤害了我，还一笑而过。"

静悄悄地学习，有几双眼睛警惕地扫描着讲台。有心思，有内容。明天如何？不知道！

第二天阅读心情涂鸦，看到这些全明白了。

学生1：阿基米德说："给我一个支点，我就能够撬动地球。"我说："给我一支笔，我也撬不动作业之山。"

学生2：很久很久以后，我会把我的子孙领进书房，指着那些高高的书说："这就是我初中三年打下的江山，那是报纸堆成的8848.43米，当年我孙悟空差点被压死。"

学生3：世界最高的山是什么山？——作业山！愚公，快救救我！

学生4：你想在人前风光就得吃苦！没错，既然在人前风光过了（吵闹过了），就背下这沉重的报纸。

学生5：你放下匆忙的笔，那一刻，宁静在眼前。我知道了宁静的意义。

学生6：静以修身，俭以养德，这句话说得没错，静不仅能修身，静也不仅能养德，"静"还能少写作业。

学生7：君不见学生之愁作业来，交给老师不复回；君不见作业之痛悲白发，朝如青丝暮成雪。

学生8：淘尽作业始得静，苦到尽头方知甜。恢复往日的宁静，势在必行。

我读了学生的心情随笔，内心不是沉重，而是心花怒放。为什么会有这样的感觉呢？那是因为我看到了学生真实的想法，并且他们用一种特别的方式描绘出来。他们的言语体现了"安静"的珍贵，让我重新理解了一遍"人前人后的风光"，他们还引用了语文当中所学到的东西来解读自己的心情。我没有对他们的心情涂鸦做出更多评价，因为每个孩子都有不同的想法，每一句话都带有他们的价值观，我想就这样平平静静地过去，有空时我会一并念出来，让他们感受到那种突然释放的快乐。正是因为这样，我才可以看到孩子们的真话，了解他们真实的心情。

但是看到这里，也许我们的家长会误以为学生作业多。针对这样的问题，我专门去调查了一番，班上58个人，有48个人都说作业刚好合适，剩下的10个是平时做作业比较慢的孩子，他们的时间也许不够，但问题并不是他们所描述的那样严重，只要调整时间规划，将平时的碎片化时间合理利用就会更好。学生喜欢把经历的事情夸大得很厉害，放大10倍、20倍，想得到老师和家长的同情，从而规避掉自己的责任。

难教的男孩子

今天是感恩节，突然想起一个难教的孩子——我心中的哪吒。这个孩子有多难教？我现在想起来，都没有勇气再去描述，他给教师、家长、学校带来的拷问不仅仅是表象，更是要将问题追溯到孩子的整个成长环境。

多少次无助的焦虑和痛苦，多少次煎熬和等待，多少次不得已的回避和退缩，但是在感恩节，我却不由自主地想起他，是因为我正在阅读苏霍姆林斯基的《给父母的建议》，其中有一篇文章，标题就是《难教的孩子》。我在各种各样的讲座当中，只要说到难教的孩子，就会想起他。因为"难教"这两个字，让我无法回避，让我无法轻松。好像我所有的一切都被绑架在这个孩子身上了。

曾经我的教学、情绪、管理、为人都因为这个难教的孩子而变得异常，甚至到了畸形的状态。在长达两年的交往当中，我无数次的失眠煎熬、自责、担惊受怕，仿佛每天都握着一枚炸弹。全班同学仿佛掉进了一个很大的坑，爬不起来，无言以对。教室里截然的两个世界———一个人博弈四十九个人的世界，互不接受，这样的阵营是很难维持平衡的。作为班主任的我，他们都是自己的孩子，我和孩子们都陷入了两难的境地。与"有问题背景"的孩子相处，恐惧常常因我们与学生的关系、学生与学生的关系而发生，这种恐惧会影响人与人密切联系的能力。

他在孤独中成长。在家里，他可以交流的伙伴是妈妈的宠物狗，他常常对着狗挤眉弄眼、傻笑，或者长久地发呆。在学校里，他找不到伙伴交流，他双手插在裤袋里，在校园里走来走去，无所事事，就像电影里的哪吒。他找不到交流适合的话题，说什么别人都会觉得他傻、笨、假。他转学刚到班级的前三个月，同学轮流帮助他学习，专人负责他的语、数、外、物，但之后，所有的同学都离开了他。他不会去寻找自己的问题，而是将所有的问题归结于父母、原来就读学校不公平的待遇、现在班级同学的孤傲。他恨父亲，讨厌除他以外的人，甚至家中的狗也没能幸免。他开始偷拿同学、老师的私人物品，或者将他人的物品藏匿起来，看到他人发怒他就开心。没有人和他交往，他终于陷入了一张孤独的网络中，恐惧和失落严重影响着他的生命状态。

教师没有放弃他，所有学科教师都会照顾他，关心他，辅导他的作业。这是一个值得安慰的现象。教师团队给予他更好的安全感。课堂上，教师的精力绝大部分分给了其他学生，剩下一部分分给了他，关注他的安全、情绪、学习和态度。

这在当时看来是对的，而现在当我再一次反思过去的时候，觉得这个环境给了他很多残忍的东西，把很多的孤独无助、恐惧、抱怨、嫌弃抛给了他，让他成为一个像流浪儿一样的孩子。我还依旧记得那一次，因为同学丢了10块钱，他被怀疑了。我跑到操场去，看到他一个人双手插在裤袋里，在偌大的操场上漫无目的地行走，当时我的眼泪都快掉出来了，我心里不停地问自己：我拿什么拯救你？我拿什么可以让你越过人与人之间的这道鸿沟？虽然我每天都鼓励同学们来帮助他，和他一起玩，但是他们也有选择的权利，他们也有维护自己空间的权利。只有他们首肯，才能决定是否可以帮助他、接受他、和他成为朋友。通过各种各样的努力和调查，我们排除了他的嫌疑。我内心开心极了，知道不是他拿的钱，我真的很开心，我想让全体同学不要轻易怀疑他，从而放过了真正犯错误的人。

他在艰难中选择学习。他没有办法集中精力学习，尤其是英语，困难重重，初一的英语基本是空白，初二则举步维艰，课堂上听不懂，课后辅导也是杯水车薪。我们制订过帮扶计划，但最终因为基础缺失无法落实。怎么办呢？

我们不难看到一个残酷的事实：很多"有问题背景"的学生学习基本没有方向，缺乏动机，没有行动力，在需要团队合作时却缺乏有效的协作力，在需要学习时却没有相应的学习力，在需要展示时却没有自信力，在需要反思时却表现出对他人的抱怨和挑剔，不问询自己出了什么问题。

当然，我们也不难听到另一个残酷的事实：各方对"有问题背景"学生的挑剔、抱怨、责难和放弃。一些学校教育挑剔生源，抱怨家长的文化素养和管理素养，责难学生各种能力的缺失，放弃对学生的坚守一致的教育。

无论是哪一种事实,对这些学生都是不公平的,都是对他们的成长抱有偏见,这样的偏见一旦进入我们大脑中枢神经,学生和教师的分歧就越来越大,学生和教育势必分离。若是我们激烈地归因学生问题或教育生态的问题,是不是就减轻了教育者自我应该有的责任和义务呢?我常常这样想:如果学生没有问题,那还要教育做什么?教育不就是培养人的过程,不就是培养从不完美到有识、有才、有用、有爱的人的过程吗?

面对他,我需要寻找到一种新的方式来诊断他的内部生命觉知状态:尽量理解他的需求,尊重他的需要,不用常规方式来教育他,尽可能地创新我的教育模式。我继续这个不完美的故事。

他喜欢日语,周末坚持学习日语,突破口终于找到了。我看见了他的一个爱好和业余需求。我们经过商量达成协议,上英语课他可学习巩固日语,两年坚持下来,他的日语得到了发展。毕业时他选择了一所职高,学习酒店管理,并且进展很顺利。他的日语比一般职高生都强,他找到了自信。

最近他妈妈发来短信说孩子做得非常棒,自信满满,老师很欣赏他的日语表达,因此他准备去日本学习。这个消息犹如在我心上开了一个很长很长的口子,一道闪电送来一束阳光。我明白一个道理,不管学生的外在表现如何误导我的判断,我都需要不断更新对学生真实状况的认知。尽管这样很艰难,但它依旧是推动我的教学朝着新的方向发展的动力。[①]我不止一次告诉自己:面对难教的孩子、特殊的孩子、"来自地狱"的孩子,不能把某一阶段的表现作为他终身发展的标签,不要让不好的标签一直贴在他的身上,要用发展的眼光看待特殊的孩子。我不再怀疑学生的能力,而是以学定教,教无定法。做到这一点,我的教学观、我的内在景观、我学生的内在景观都在健康成长。

"教师对学生的亲切款待产生一个更亲切款待教师的世界。""教学中令人高兴的事情之一是它提供给我们的不断与年轻人相遇的机会,但是,任何在最后带给我们幸福的东西可能最初都感觉像个祸害!如果我们明白了我们会像学生害怕我们一样害怕他们,我们会更有可能走过灾祸到达幸福——然后会因

---

① 帕克·帕尔默.教学勇气:漫步教师心灵[M].吴国珍,等,译.上海:华东师范大学出版社,2014.

为年轻人的创造力而学会解读他们的恐惧，以及我们自己的恐惧。"①

后来，我收到了来自孩子家庭的一封信（毕业后半年）。

老师，给您汇报下儿子近段时间的情况。学习不再垫底，偏中上游，特别是数学，得益于新都一中实验学校老师的教育（他自己说的）。他在这里居然是走在前面的人，还有同学找他辅导作业，其他方面也有进步。现在担任信息技术科代表和旅游管理科代表，总体来说还算乖。他昨天给我转发班主任的信息，说是让我开心，让我有种他终于快长大的感觉。谢谢老师您一直以来的教导，那天我还在跟孩子的外婆说，如果不是新都一中实验学校的两年，不是您费心尽力地拖着他、拽着他、推着他，估计我看不到现在这样的他。前些日子带他一起看了《少年的你》，想想真的可怕，如果不遇见您，可能他也会遭遇成长中的很多困惑，整个人就毁了吧！他现在经常念叨您，上次接到您的电话，他说他的脚都在发抖，他是又爱您又怕您的。

感恩节，想念他，我现在悟出了我的真实心境，这是因为他改变了我对问题孩子的看法和做法，我们要温柔地对待他们，尊重他们的特殊需求。用耐心、包容、理解去辅助他们前行，让他们感受到生命成长中的美好。我想这也是我的收获，这将成为未来一波又一波孩子的幸福之源。

后续记录：2019年12月1日我又收到了一封信

老师，今天儿子一起来就问我有没有看他转给我的QQ留言，还不停催我看，后来发现是您写的文章。以前都是我转给他看，现在变成他让我看了，看得出来，他很激动，他说他一直在网络上关注您的文字，一看就知道您在写他。我问他："那你有什么感受？"

他说："我以前真的太让罗老师操心了，真的很对不起她。"

我说："你看这是罗老师在感恩节写的，感恩节的思考意味着什么？你阅读了老师的文字还特意分享给妈妈，你有什么想法？"

他说："我很诧异。为什么在毕业以后的感恩节老师还可以坐下来写我的故事？老师在传递什么信息？我为什么很在意这样的文字？我需要思考一下。"

———————————

① 帕克·帕尔默. 教学勇气：漫步教师心灵［M］. 吴国珍，等，译. 上海：华东师范大学出版社，2014.

我说："我和罗老师约定好了，等你考过日语的N2级就去看望她。"

他说："我第一次感受到曾经的我给老师、同学和学校带来的教育难题，他们没有放弃我，鼓励我学习日语并选择职高，这是对我的尊重。我一定加油！"

爱你，罗老师！你的文章让我看得很感动，也很难受。一方面，为儿子给您带来困扰和烦恼致歉；另一方面，我要改变我的教育方式，他的成长问题和我们做父母的脱不了干系，以后我也要做儿子的榜样，和他一起努力寻找幸福！

我的文字在这个家庭继续发酵，2019年12月9日我再次收到了一封信。

罗老师：晚上好！我读了您因《难教的孩子》一文引发无限感慨而写的博文，心中百感交集。首先，我要表达对您的由衷感谢！

超超是一个难教的孩子，在他来到这个世界近16年的时间里，成长得曲折而艰难，他承受了原本不该承受且难以承受的心理压力。小小年纪，那种煎熬，在他心灵深处烙下了深深的印记，一种非正常的印记。他所有的亲人都不会承认不爱他，但事实证明，事与愿违。超超是一个善良的孩子，富于同情心，不同于多数孩子的境遇又让他敏感，甚至叛逆，莫名的愤怒在他心中燃烧，年年垫底的成绩使他的那点信心消耗殆尽。家庭问题没有解决，同学不待见他、孤立他，这样的成长环境，让他怎样前行？！

记得我曾参加的一次家长会，那种自己的孩子被打入另册的屈辱令我怒火中烧！我抱屈，我不平，发泄之后一切又回归原点。

罗老师，我们把一块顽石交到您的手上，您母亲般的温暖和高度敬业的崇高精神把这块顽石焐热了，当我读到您确认超超没有拿那10元钱后的内心表白，我是何等的感动啊！您以教育家的职业精神，尊重他对日语的兴趣，令这个似乎一无长处的孩子找到了努力的方向，甚至成就了他一生的职业选择！

十年树木，百年树人，将近两年的新都一中实验学校的学习生涯，对超超这个难教的孩子一生的成长是决定性的，在他进入职业教育新的学习阶段后，难得的自信开始回来了，这是多么难能可贵的变化啊！他倍加珍惜并持之以恒，从您付出的心血中汲取经验和教益，太重要了！

最后，请接受我对您衷心的感谢和敬意！

超超毕业后很长一段时间，我和他的家人通过微信和信件进行更深入的交流，并关注了孩子的成长动态。这里的关注更多的是"倾听孩子的声音"。在网络的两端，我们通过文字在屏幕上建立了良好的亲密关系，从此，我们听到的才是孩子真正的成长心声，包括那些隐藏在暗处的不为人知的关键事件。就在2021年6月，我收到了孩子的邮件。

亲爱的老师：

夜深了，想您，给您说说心里话。初中的时候我可以说是一个惹是生非的坏学生，常常把您气得火冒三丈，我是您办公室里的常客，经常被您请到办公室里"喝茶""谈人生"。成绩一塌糊涂，表现一无是处，用跳楼来威胁您，干尽坏事来威胁同学们，现在想来那时的"我"令人发指。我既想折腾你们，搅乱一个班级，还想得到你们的珍重和爱，这是什么逻辑，我无法解释当时的想法。

上课时我基本上是在"坐飞机"，特别是英语课，我当时一直把英语视为火星语，每次上英语课都感觉非常苦恼，看到周围的同学都学得津津有味，而我却一句也听不懂，对于我都是一种折磨。那时我对未来是迷茫的，我也从未想过我的未来该何去何从。我知道我的英语成绩一直在折腾全班、折腾您。那是我的恐惧，也是我难以自拔的方面，我走不出来。我的外婆是一个非常优秀的英语教师，她也教不懂我。中考要考英语，这是我恐惧的根源，所有人都无法理解我的心情。

直到遇见日语，我才开始感觉到语言的魅力。暑假我在书店里看到了一本日语书，那是我第一次接触日语，打开书，那些奇奇怪怪的符号吸引了我，我竟然萌生了一种想要学习它的想法。父母不同意，他们认为日语和英语都是语言，当务之急是学好英语迎接毕业。但是我就对日语感兴趣。在我强烈的要求下，我买了书并开始自学日语。一个月后，我居然认识了那些奇奇怪怪的符号，发音虽不标准，但基本掌握了发音规则。妈妈看到我学日语的认真劲儿，决定送我上日语培训班。您得知此事后积极鼓励我并给予我特殊权利，在英语课上学日语。同学投来不理解的眼神，但是我知道我是可以学好日语的，学习日语一直支撑我到了职高。

自从上了高中以来，我感觉像换了一个人：成绩名列前茅、表现良好，朋友多了起来。在学校里我担任了科代表，班级工作让我感受到了集体的温暖并看到了自己的能力。我还加入了学生会，负责检查大课间的纪律。在这里我成功找到了自信，学习也更有了干劲。我为什么会有这样的变化？我一直在思考这个问题。初中的我和高中的我为何差异那么大?

写到这里,我终于意识到我的成长,我已经走过了那段青春懵懂期、叛逆期、迷茫期。我不缺手机也不玩手机,为什么要藏匿老师的手机?我不缺钱也很节约,为什么要藏匿同学的钱包?我不坏,但为什么我要威胁老师和同学?……那些时候解不开的谜底现在解开了。我知道我想要的是尊重和关注!而您不仅尊重我是一个转学生的事实,尊重我成绩差、表现差的事实,尊重我是一个问题学生的事实,还尊重我并想办法解决问题。您关注我的家庭环境,和父母交流沟通,我看到了父母态度和做法的变化。有您的尊重和关注才有我的今天。我之所以能这样和妈妈的改变分不开,如果没有您,我可能会在失败的路上越走越远,谢谢您,把我从"坏蛋"变成了一枚"好蛋",把我的父母从糟糕的状态引向回归家庭的状态。您救了我的全家!我终于明白您说过的一句话:"父母关系好不好,家庭环境好不好,都在于我的改变。"

夜已深,心事已吐露,爱您!最后告诉您一个秘密,我已经决定要学习英语了。我发现英语才是走向世界的通道。

——曾经的坏蛋今日的好蛋

他的来信让我听到了他的声音。他们的文字让我读懂了帕克·帕尔默教授的话:"一个好的教师能够倾听学生,甚至尚未发出的声音——这样,有一天,学生才能够真实而又自信地说话。"[1]

---

[1] 帕克·帕尔默. 教学勇气:漫步教师心灵 [M]. 吴国珍, 等, 译. 上海:华东师范大学出版社, 2014.

难教的女孩子

2018年在苏州学习，专家们的教育经历深深吸引了我，将我的思绪带回到学生中去，我居然给一个女孩发了微信。

我：当我看到谢小双老师的视频时，内心有一种震颤。视频中的小女孩不就是一帆的缩影和再现吗？我的脑海里一遍又一遍地浮现出一帆的来来去去，眼泪不停地滚落下来。我为什么会哭泣，为什么内心在颤抖？是我还没有放下这个孩子，还在惦记着她的一切。一帆，你还好吗？眼泪顺着脸颊流淌，偌大的会场里我在默默流泪。

孩子的问题，不是问题，我们要用温情来容纳孩子的过错，一个都不放弃，挽救一个孩子，用一颗向美的心灵去撼动一颗颗偏离了轨道的心灵，教育就是向美而生，一定是向美而生，对学生的引领就是心灵成长的教育。

我：我今天在苏州学习，被一个女孩的故事感动了，又想到了你。

我：为什么会想到你？为什么还在惦记你？旁边的老师问我为什么流泪，我说想念一个学生了。

我：你还好吗？

我：如果再给我们更多时间，会不会更好一些？

女孩：老师我很好，我现在内心很充实。初中的学习是我个人原因导致跟不上，老师和同学都在帮助我，但是由于我的倔强和封闭，我拒绝了大家的帮助。现在回想起来也是遗憾。我想念校园、老师、校服、住校生活。我现在就读于职业学校，内心更多的是珍惜和惋惜，我错过了初中，只能更加努力。我发现在很多事上，我的基础都比其他学生强，如勾画关键词、阅读能力等，是你们教会了我。您永远是我的罗妈妈。罗妈妈谢谢您能想起我，您是我的心灵导师。

女孩：我最后悔的一件事就是初三下期执意离开学校，初中三年一直没有彻底醒悟，但是我相信在职业学校，我能通过努力成为一名优秀的民航员工，我的醒悟来得太迟了。当看到别的同龄人走进心仪的高中接受高中教育，看看穿着职业装的自己，觉得很痛惜，痛恨自己为什么没有明白老师、家长的苦心。我也觉得很幸运，在一实我遇到了您和二班的同学，相信下一次我进学校时是以优秀学员的身份进去看望您。

我：我们期待你的回归。

我：另外，你每次发微信都是自己拍的照片吗？你把自己的形象涂鸦得很个性和另类。

女孩：是的。我比较喜欢那种风格。

我：有自己的个性很好，但是一定要美化自己的形象和个性才对。我也喜欢摄影，是个自恋狂，总想把自己弄得漂亮，微信圈都是自己的好朋友，朋友都喜欢看到自己美好的一面。多传递美好的东西，你是花季女孩。

女孩：我的自媒体就是我的形象代言人。

我：对。

女孩：您不仅是我的老师，也算我的妈妈，您教会了我很多道理，终身实用。曾经不理解的，以后会在我的人生道路的拐角处发光的。

我：我家的姐姐说她多了一个妹妹，姐姐说让你加油，好好读书，女孩更需要读书。

女孩：谢谢姐姐和罗妈妈一直以来的鼓励，这是我一生中最宝贵的东西。

我：激动啊，看到你的文字，知道你在渐渐长大。

我：有一天，有个人告诉我对待像你这样的孩子就是要爱你，爱到你不好意思接受为止，你的转变就开始了。

女孩：离开了学校，也感悟到了很多。职业高中的同学和初中班级的同学差异很大，一个个都特别有个性，对社会充满了不能理解的想法，这里是一个大熔炉。我开始渐渐适应职高的学习模式了。我依旧怀念我的初中，不离不弃的老师，宿舍里的室友，学校的午休、食堂、操场。

女孩：你们就像是我的太阳，温暖的太阳。曾经你们的光芒让我感觉很刺眼，但现在回想起来，这些光芒是多么温暖人心。可是我错过了，但是在我的记忆当中，我要把它们保留起来，深深藏在我的心底。

我：欢迎回归我们的群体，我们从来都没有离开过你。

女孩：好开心能在学校遇到罗妈妈，即使初中三年过得有点失败，但是罗妈妈教我的道理和知识对我一辈子都会有无限的帮助与鼓励。

我：有姐姐在我的身边，我就感到无限的美好，你如果在自己的爸爸妈妈面前也如此，他们会非常开心，也会让你父母的关系变得更加美好，你的家庭将更加幸福。你就是家里的中心，你是他们心中最令他们骄傲的公主，最灿烂的那颗星星，你的未来赋予了他们更多的期望和等待。

女孩：我现在也越来越懂事，听父母的话，为自己的未来打算，回想起以前，那不是幼稚，而是傻，希望我的改变能让父母幸福。

我：试着做一个阳光、灿烂、有情、有趣、有品、有味、有追求，以后有事业、有幸福生活的女孩。我永远都期待着看到这一天。

女孩：这句话也会成为我变好路上不可缺少的基石。

曾经我并不在意已毕业学生的现状，而今为何对他们念念不忘？是因为他们在初中阶段的成长太奇特，仅仅从初中来评判一个孩子的成长，是不公平的。面对外界和自己对他们的评判，作为教育者的教师需要持续面对而不是掉头转身离开。与孩子毕业后的交流提供了我们再次相遇的机会，相遇已经被赋予了崭新的意义。

高兴死了

家长QQ群里面突然跳出一张照片来，是一个女孩做的美食，让我眼馋。我立刻回复了一句：色香味俱全，做得真好，能干的娃娃。我顺便说了一句：这个女孩这段时间进步很大，无论是学习还是精神面貌，都让我耳目一新。

不一会儿，这个家长就单独给我发来留言：看到老师的表扬，高兴死了。我没想到一句很朴实的点评，会给家长带来这么大的触动。平时家长很在乎老师的评价，这我是理解的，但是没有想到会有今天晚上的交流。

家长：罗老师您好！一直想跟您谈谈女儿的事情，怕您太忙。她确实变化很大，性格开朗乐观多了，好像走出了以前的困境。

我：那就好。

家长：我都激动得流泪了，真的！

我：幸福的眼泪掉下来浸润孩子的成长。

家长：真的。

我：此刻的妈妈要和孩子分享感受！让她感受到你在乎她、爱她，会因为老师的一句表扬激动得流眼泪，这是真实的情感。去和她说说话，在她面前流下幸福的眼泪，给她精神力量，支撑她前行。

家长：前段时间一位同学的妈妈给我发信息说我女儿跟她女儿走得很近，怕将来成为两个问题娃娃，我每天好担心。我的手一直在抖，太激动了。

我：去拥抱女儿吧，好好陪伴一下她，让她感受到你的真实情感，你们两个人的感觉要在同一个频道上。

家长：好的，好的。

我：如果她有什么想法，也可以让她用手机跟我交流，表达内心情感。

家长：她连续说了好多开心、高兴、激动。

103

我：你可以把这个视频录下来呀，或者征求她的意见，让我也感受她的快乐。

家长：罗老师，女儿说她用QQ跟您聊，她很开心地去拿手机了。

我：精神力量远远胜过物质的一切馈赠。

家长：可能是有悄悄话，她要用自己的手机和您交流。

家长和我聊天之后，我就一直期待着女孩用QQ和我联系，我一边忙碌着手上的活，一边等待着，后来我才发现她不是我的好友，然后我在QQ里面搜寻她，其实她已经加了我，但是我没有回应，我的内心突然感觉有点紧张，这样开心的一个女孩来找我，我却给她吃了一个闭门羹。我赶紧加她为好友，然后屏幕上跳出一串欢快的字：老师，您好！我好开心，我都快高兴死了。

我问她为什么高兴？她说得到了表扬，因为自己做的菜好吃，爸爸妈妈都吃了，自己舍不得吃，所以特别开心。

美好人生，需要朝向自我的教育，朝向自我的教育一定会遇见美好的世界。生活当中的一点小事，做好了就让她这么开心。其实，生活才是学习的源泉。当我们走进生活当中，发现处处都需要学习。例如，如何买菜，如何讨价还价，如何计算钱，如何洗菜，如何做菜，如何收拾饭后的餐具，这一系列活动都要在适当的时间内完成，而且要做得很好，要得到表扬真的很不容易。我们需要成功，而普通人的成功往往来自朴实的生活。她的言语感染了我的心情。源自生活的学习更有体验感，源自生活的教育更加具体实在。

老师的表扬让妈妈开心得流了眼泪，让孩子知道用自己的努力换来的幸福是一种从头到尾的甜蜜，这一次体验真的与众不同。这似乎没有过，而这一次让我彻彻底底感受到了家人的温暖、老师的温暖以及自我带来的温暖。

只有把孩子生活成长的味道和教师、家人生活成长的味道融合在一起，教育的空间才会弥漫着真实的教育味道。我将这个故事记录下来发表在博客里，是想保留这个美好的瞬间。我将博客发给家长阅读，收到了以下回应。

家长：罗老师您好，阅读了您的分享，非常感动。

家长：孩子昨晚上太激动了，一直笑，手舞足蹈。今天早上起来很安静自觉地做作业。还有一个惊人的变化是今天起床没有发脾气。要是以前每天早上起来都要发一通脾气，闹得不可开交，才磨磨蹭蹭地去学习写作业。

家长：周五接她第一句话就是罗老师表扬了她。看到孩子情绪的变化，我们做父母也开心了许多。自孩子上初中以来，不知道什么原因，情绪低落，不爱说话，回避交流，没有自信心。我们一直没有找到原因。

家长：昨天晚上跟您聊天过后写的话，我发给您看看。

女儿的聊天记录："我终于咸鱼翻身，出人头地了！也不枉这些天我在英语课上积极发言交流，与老师互动。我对巧克力圣代和肥宅快乐水发誓：这次阶段性考试我一定要金榜题名归来，综合名次一定一定要进年级前80名，英语成绩一定要进年级前60名！（注意）这不是空想，我一定拿出行动来证明自己，白纸黑字，清清楚楚！如果我没有成功，我就一辈子不喝汽水；如果我成功了，爸妈就给我买一头荷兰猪来养。（不要觉得前80名太差，无数个小进步就能成功，我下一个理想就是年级前50名，一点一滴地进步）我希望罗老师奖励我喝珍珠奶茶，不过奖励什么不重要，名誉更重要。"

我：寻找到精神树了，在自己的生命里种下一棵精神树，是驱动内心发展的重要方式。

我：我会跟踪记录她的发展，你也可以记录她的成长。

家长：今天去学校的时候她默默地用保鲜袋装了几个蛋挞，她说要给罗老师带去，一路上小心翼翼地拿着说是怕弄坏了。

我：当生命走出来和教育并肩，教育就有了前行的目标和勇气，它知道教育必须对生命承担责任，必须为这个生命走向美好的人生做些什么，必须对美好的人生有所作为。

家长：感觉孩子也知道感恩了，虽然不是很贵重的礼物，思想开始回归了。谢谢您的关注和及时回应，让我看到了与往日不同的她。

我：我也在寻找这样的机会。每一个生命成长过程都是独特的，每一次教育都是独一无二的，所以每一个孩子的生命成长都是不可复制的。我们要更多关注孩子的感受，让她里里外外都感觉到生命在绽放光芒。这样，我们的教育就能够促进孩子生命的成长。

家长：孩子刚来一中的时候我很担心，因为那段时间家里发生了一些事情，孩子一直心情不好，没想到一个多月过后孩子完全像变了一个人，变得快乐开朗活泼了，谢谢罗老师！

第二天一早看到朋友圈里家长的语言和文字：

为什么孩子都喜欢听老师的话？因为世界上只有老师才把别人的孩子当成自己的孩子来爱。老师您好！孩子们都爱您！

作为一线教师，我们如果重视心灵沟通，提供不拘泥形式的沟通场域，就有利于学生、家长、教师形成一个教育的共同体，促进学生在自然、生活、安全的场域中形成自我教育。

教育时间

一、时间具有教育性

教育者如何安排学生的时间，就如何影响改变他们生命成长的节律，就如何塑造他们的人生，这是一种独特的时间世界，被命名为教育时间。

这个观点让我深刻认识到对学生进行时间规划管理的重要性。我非常赞同李政涛教授的观点：教育时间，就是向人的生命发展提出了来自时间的要求。

二、时间守望

学生从宿舍出来行动缓慢，到教室要花很长时间。他们一方面埋怨时间不够用，另一方面行动举止又拖拉停滞。这是一个棘手的问题，很多班主任都会面对这个头疼的问题。在班会课上训斥吗？学生一起讨论吗？没有一个"伟大事物"的引领，只有意识，不可能解决行动的缺乏。思考之后，我决定做一件很小的事情。每天中午起床的铃声响过后，我就站在教室外面学生必经的花园旁，默默等待他们，不提出任何要求，只是向他们招手，他们快步向我跑来，伴随着一声声"Good afternoon, Rabbit！"他们快捷地从我身边经过，上了台阶，进了教室，科代表提前做好准备引领学生朗读。每天我们可以多利用午休后的10分钟进行持续性默读英语。连续三个月，无论刮风下雨，我都站在那条必经的路旁等候学生，视野由远及近，目迎目送学生进出教室。之后，学生就自觉养成了习惯，他们就成了我眼中的一道风景线。

我的等待和守候，潜移默化地改变了学生行为的节律，也改变了学生时间生命成长的节律，从而形成他们自我的时间节律。等候就是一种约定，时间突然被赋予了更多的教育意义。

三、时间规划成为时间的主人

每天用5分钟进行时间规划。小小规划牵动所有人，坚持很难，落实更难，尤其是没有定力的孩子。我们观察后发现，一天之内无法完成各项任务的孩子，在时间规划上出了很大问题。于是，我启动时间规划课程，让学生在班会课上讨论以下问题：

（1）我们可以规划哪些属于自己的时间？计算出可利用的碎片化时间。

（2）如何把时间进行合理切割，以满足具体的学习生活需求？

（3）如何按照规划落实具体的时间段内应该做的事情？

（4）用什么方式评价在具体时间内任务完成的达成度？讨论每日规划后的评价问题。（选择自主评价、同伴评价还是班主任评价，由学生自己选择）

（5）时间规划表应该是什么样的？

（6）什么样的人可以管理"每日规划本"？

经过全体学生讨论，收集反馈信息，临时时间规划表诞生了（见表1）。

表1 熊猫1912时间规划表1.0版

时间段	自主安排	预计完成时间	达成度	他评
7：10—7：20	经典诗词早诵（全）	10分钟	完成与否	
12：50—13：50	午休	60分钟	完成与否	
13：55—14：05	物理讲堂（全）	10分钟	完成与否	
15：05—15：10	英语对话（小组）	5分钟	完成与否	
18：20—18：30	数学讲堂（全）	10分钟	完成与否	
18：31—18：39	英语整本书阅读（全）	8分钟	完成与否	
第一节晚自习	根据当天学习任务自主安排	40分钟	完成与否	
第二节晚自习	根据当天学习任务自主安排	40分钟	完成与否	
第三节晚自习	根据当天学习任务自主安排	40分钟	完成与否	
每日心情				

四、观察尝试期促进理解规划

每天吃过晚饭之后，我都会陪伴学生用5分钟来规划时间。刚开始，学生手忙脚乱，不知道如何做。即便我一边在黑板上画思维导图讲解，一边提示学生将规划写在指定的笔记本上，从来没有做过时间规划的学生依旧茫然，因为他们对思维导图也是陌生的。于是我改为图表形式，便于学生理解。教育的意义在于帮助学生找到适合自己的学习方式。由时间规划引发的各种问题反倒引发了我的思考，我发现了如下问题：学习力强的学生有规划有落实，常常会用积极向上的词语描述每日心情；学习力中等的学生常常呈现出有规划但落实不完全的状态，每日心情中有担忧、紧张的语言；学习力弱的学生则是规划艰难且不能落实，出现焦虑、不安和恐惧的心理，且不能用恰当的词语描述每日心情。

尝试期的观察让我看到了学生对每日规划的接受情况，如何坚持下去是一个棘手的问题，同样，我需要加大力度来促进学生去完善每日规划，不厌其烦地指导规划困难的学生，但是我总是给自己一个忠告：不要评判学生。时间的教育性一定还需要时间来评判，由学生引发到教师的改变，每一步都是负重前行。一个良好习惯的养成至少需要21天，但是时间规划21天是不够的，它需要师生一起在确定好各种关系后，协调学习、作业、生活、锻炼的时间，在不断的摸索中形成自我的理念。

五、完善调整期促进规划落实

由于规划表中的前六项都是全班整体规划，确定了主题、管理人、具体内容等，且这些规划是班级长期整体推进的，个人自主规划较少。因此，我们将规划调整为晚自习时间规划。对于从来没有上过晚自习的孩子，面对三节课120分钟的时长，除了作业之外，学生真不知道该做什么，就出现了在晚自习聊天、阅读漫画或者无所事事地东张西望、小打小闹的情况。于是，我们开始开发晚自习，将时间划分成简单的板块（见表2）：学科作业、复习巩固、预测完成时间、完成后自评。三节晚自习规划越具体，做事情越有条理，做出的效果会越好。

表2　熊猫1912时间规划表2.0版

时间	自主学习任务	预测完成时间	自评	他评
第一节晚自习	数学作业+复习巩固+预习	40分钟		
第二节晚自习	语文、物理作业+复习巩固+预习	40分钟		
第三节晚自习	英语、其他科作业+复习巩固+预习	40分钟		
每日心情				

第一个月，孩子不习惯，需要提醒和指导。第二个月，孩子开始自主安排规划时间，晚饭后迅速拿出时间规划本记录下每一个时间节点需要做的事情，将作业归类、有序叠放，切割时间、落实计划。第三个月，绝大部分孩子都加入时间规划的行列，时间规划本上密密麻麻记录着关键学习任务、要求、自评。

时间规划需要体现学生生命成长的需求，在规定时间内完成既定计划，避免晚睡早起来弥补，同时时间规划又因不同学生、不同理念、不同选择而各具特色。只有适合学生的规划才是好的规划。

每个人都有自己的一部时间简史。如果我们放纵学生不提出任何要求，那么时间就会从他们的玩笑中、嬉闹中、漫步中或是发呆的瞬间悄悄流逝。如果我们能够对时间进行精巧的设计，建构出一个框架，再用具体活动来实践丈量时间的长度和厚度，那么学生就会成为自己教育时间的设计师、建筑师，亲身实践，感受时间的流逝与重生。如果能够在时间当中重新站立起来成为一个巨人，那么这样的学生一定能够走向成功。

很多孩子不知如何规划时间，他们既掌握不了大把的时间，也不会利用碎片化的时间。因此，我决定把时间还给学生，交给学生进行时间分区，让他们自主规划，他们应该成为自我教育时间的安排者、分割者、设计者和建构者，他们应该成为时间的主人。

六、时间评价促进时间管理

第一阶段：强制理解。强制、模仿变成理解，班长和班主任便成了强制的助手。

第二阶段：形成内化。模仿、内化、自觉到习惯，此刻班主任可以渐渐隐退到后台。

第三阶段：培养素养。完善、巩固、习惯、素养。无规划不学习，要规划、要落实，讲究规划表的美观和规划过程的调整与享受。

班主任通过检查规划本每日用奖章奖励做得好的学生并给予班级表扬，良好的评价是对学生的肯定和接纳，是其他学生的另一条学习通道。每月进行"最合理规划、最美规划、最创意规划、最科学规划"评选活动，将获奖者的名字张贴在教室的荣誉墙上，以此鼓励全体学生做好规划，成为时间的主人。

朱永新倡导教给学生自我教育的方法："我心中的理想德育，应该教给学生自警、自戒、自励等自我教育的方法，使学生在陶冶情操、磨砺意志的过程中形成不教之教的自律习惯。"[1]合理的时间规划恰好可以形成"不教之教"的效果。

---

[1] 朱永新.我理想的教育［M］.2版.桂林：漓江出版社，2014.

时间是什么

时间规划对于刚进初一的孩子来说是一个全新的理念，他们从尝试到真实地体验，每一次经历的感触都凝聚在那小小的表格中。我将学生对时间的思考记录下来，不仅仅感叹学生的文字之美，更赞叹他们跨越年龄的思考。

希：时间是什么？说河流太死板，说小偷不恰当，说生命太狭隘，它到底像什么？时间就是时间，不是物，不是人，也不是意识。它就是自己，它既会流走，也会被盗窃，还会使人难受，但我相信17天可以创造奇迹。

仪：时间，像夜空中的星星，要寻，总是有的；时间，像河里的鱼，来去无踪；时间，像林子里的嫩芽，与其他事物浑然一体，时间在我的心里时而是星星，时而是游动的鱼，时而是嫩芽，我是一个追随时间的哪吒。

煊：时间是什么？时间像什么？时间像一部不回放的电影，看似很长，却转眼就放到了尽头，惜时不负一生。

宇：时间像流水一般转眼间就消失了；时间像爱情、友情一般太容易失去，等到失去的时候才觉得珍贵。上帝对待每个人都是公平的，但是有人非但不珍惜，还去干不必要的事情。平庸的人关心怎样耗费时间，有才能的人竭力利用时间，得一寸进一寸，得一尺进一尺，不断积累，飞跃必来，突破随之。烈火试真金，逆境试强者。奋斗吧，少年！

对时间的感慨也是对时间的理解、运用与掌控的外显回应。

我的旅行

我旅行的目的地不远，它就在我的对面，一间朴实的房子。房子里有58套桌椅，58只熊猫娃娃，是一个熊猫的城池。我旅行的方式很简单，用脚步丈量距离，用理解丈量我与孩子们的心灵距离，用协作丈量我和家长之间的合作距离。

同时，我旅行的目的地又很远很远，它可以一直延伸到58只熊猫生命成长的每一个站点，它可以沿着学生足迹的方向不断延伸，它是学生所见所闻的交汇点。

我的旅行不需要背包，但需要阳光般的微笑、耐心、情怀、眼神、大海般的心。

我的旅行不需要花枝招展的装饰，只需要有同情能力，正如范梅南所写："对于教育学理解的实践来说，再也没有什么比我们的信任的同情心这种品质更重要的了。教育学理解常常以对孩子正在发生的事的即刻领悟形式出现。具备同情能力就是能够分辨孩子的声音、眼神、动作和神态的细微差异表征。带着同情心，我们感受到孩子的体验是什么样的，他又是处在一种什么样的情绪之中——受挫、兴奋、伤心、厌烦、快乐、冒险、恐惧、着迷。在对孩子保持一种同情心的同时，我们被同样的情绪、同样的感情所感染，于是，我们和孩子形成了一种更为亲密的关系。"

我的旅行不孤单，有青春的生命与我同行，有对生命成长的探索与我同行，左岸是学生，右岸是家长，生命的长河因教育而拓宽，因生命的复杂需求而深邃、源远流长。

我的旅行朴实而高贵，朴实缘于生活的生命之美，高贵缘于生命的唯一性。与生命为伍便是其乐无穷的。

我的旅行没有终点，一届又一届的学生，带来了旅行之船，满载学识而去。离开，到来，再离开，这就是生命之旅。身体有终点，但精神可以悠远。

我的旅行要回归原点，关注学生生命之美，生命之需，生命之存在，我在，学生在，学生在，故我在。

追问考试

考试是什么？有多少孩子喜欢考试？又有多少孩子恐惧考试？我们没有具体调查过，但是从考试中反映出来的知识、技巧和心理问题发现，考试在不同程度地影响着学生的学习成长、心理成长。

期末考试前为了缓解学生的压力，我们进行了一次"主题式"心情涂鸦，不受限制地吐槽对考试的看法。原以为会收到无数的抱怨、愤怒和沮丧，不料我们得到了难以置信的文字描述。原来孩子们对考试抱着如此的敬仰和美好的体验，这不为人知的一面刷新了教师的观念。

考试是对我们所学知识的一个检测，让我们反省自己、改进不足，得到更好的学习和发展。考试又像一个巧克力盲盒，在考试前你永远不知道会得到什么。考试同样像一场暴风雨，来得特别快走得特别慢。学生成长过程之中最大的烦恼莫过于考试，面对考试一定要相信自己，要对自己的答案没有半分疑惑。只有这样，才可以提升自我，挑战自我。考试是一把双刃剑，你就是剑的主人，掌握着手中的答案，相信自我才能闯荡天涯。如果结果并非我所愿，那就在尘埃落定前奋力一搏，我的人生我做主。

考试倒计时6天。时间，一分一秒过去，一不小心浪费了青春岁月。我不愿虚度光阴，这是眼前最好的选择。

原谅我这一生放荡不羁爱自由，考试即将来临，把分数当成一个普通的数字，而我将成为永恒的烟火。

今日有进步，明日又有进步，相信自己总会取得考试的成功，加油小熊猫。

考试如梦！如你一直劳苦努力，梦会很美；如你一直轻松享受，梦就会很累。

消除考试恐惧的最好办法就是坚持努力地面对它。

这次考试不但检测自己，也是一场团体间的较量，一个人能承担许多，但却不能承担全部。

不努力，会觉得考试就难；努力了，会觉得考试就简单。努力吧，这是哲理。释放自我吧，为考试助威！释放天性吧，活出精彩！为考试Call！

如果考试像一个遥控器，那我们现在做的就好比是安电池，最后我们握遥控器的手要找准了答案的红外线接口。

今天被考试影响，我竟然也想考第五名，可能是因为自信吧。希望考语文时像闪电侠，考数学时不老眼昏花，考英语时耳朵没被堵住。语、数、外三门，我要执笔闹疆场。

跨数学山，渡语文海，翱翔在英语的蓝天，只为遇见更好的自己。上笔山，渡题海，吾等在所不辞！

那曾经失败的从前是我回不去的，永远为了更辉煌的明天，不断超越自己的极限。我手拿黑笔大长刀，做着思维的体操，难题难题你别跑，让我来砍你几刀，无论你的地位有多高，先尝尝老师的法宝，把你架在火上烤，让你每时每刻无依靠。

与生活相契合的热血，早已无法冻结和停息，在这boring而漫长的黑夜，何以解忧，唯有作业。向过去的我发出拒绝，一周前的性格将逐渐泯灭，我渴望将一切荒芜溶解，改变一切，兑换契约。

再次追问考试

在第一次追问考试中，我看到了无数关于考试的隐喻。这是一个奇迹，没有走出这一步，哪里知道学生心中有一块地方是对于考试的期待呢？

考试像植树。春天用心种下希望，夏天希望就发芽，秋天就收获成功，而冬天则让人心里再有一个希望，让这一抹绿变成一片绿，净化万物，净化心灵。

考试又像什么？像黄河。孕育了无数个美好的愿望，并让它们生根发芽，而目标则像一缕风，吹出美丽的希望的田野，让我们种下一棵树，用目标来让它结果。

考试像种田。一分耕耘，一分收获，我们是那面朝黄土背朝天的农民。习惯是农具，目标是肥，希望是种子，努力是水，这四样东西缺一不可。当你领奖时，听！收割了！风吹麦浪的声音。

考试像一幅画。努力是笔，目标是色，时间是画。努力越多笔越好，目标越好色越多，时间越多画越美，但笔好、色好、画美还不够，画画的我才是最重要的。我才是主宰，方可让我的画最美。

考试像一次旅行。你越努力，去的地方就越远；你的目标越坚定，你所看到的景色越多；你的心态越好，你所待的时间就越长。加油，为了最好的旅行。

考试像赶海，这个过程中，我们收获了海螺，收获了贝壳，在海浪、海风中拾起珍珠颗颗。考试更让我们领略了大海的宽阔，重拾人生，扬起风帆，破波高歌。

古有"子欲养而亲不待"，今有"分欲高而时不够"。说得真好，多拼搏吧，哪怕把海绵挤干，就像老师说的："再苦10多天就会得到40多天的假日快乐。"

对于与其说是考试不如说是换地方写作业这句话，我有两种理解：第一，鼓励我们考试时放平心态，不要过度紧张：第二，说明考试与作业息息相关，需重视每一次作业。

考试就是一粒种子，平时认真努力，再加上有条理的复习，才能让它开花结果。

考试像一张网向你撒来，你平时认真努力地学习就有一把剪刀，可以剪破它，否则就一无所有，会被网给罩住。让我们平时多努力吧。

也许考试是一顿下午茶，茶是苦的，但糖是甜的，在茶里加些努力的糖，这茶的味道就会越好。可制茶也是关键，那就从现在起撒下一粒粒茶种，不断浇灌让它长成一丛灌木，采摘了放入箩筐中，用努力的火苗去烘烤、翻炒。年轻人不要怕烫，将手伸进去感受它的痛，才会迎来一阵阵的清香。最后，再用态度去冲泡这茶，茶也许会泡好，也许不会，若手一抖，一切都将前功尽弃。考试，犹如沏一壶茶……

我从来没有想过学生眼中的考试是这样的：浪漫、唯美并富有哲理。

继续追问考试

我无数次和孩子们交流对考试的理解。我们常常在教室里、花园里、走廊上交流考试的美与苦；我们常常在日记本中交流考试后的心路历程。从孩子的眼神、表情、文字、语言中我觉知到孩子们对考试的新认知。因此，"追问"成为常态，常追常问常新。

考试像一条四通八达的路，每一条都可以通向终点，只不过每条路的风景不同，领略的人也不同。

考试是四棵树，第一棵树是努力，第二棵树是有目标，第三棵树是奋斗，如这三棵树都是绿树成荫，那么就会迎来第四棵树——成功。

考试像一座山峰，总会有翻不过的峭壁，考试像天上的星星，有些希望看得见却摸不到。

考试像牛毛，像花针，像细丝密密地斜织着，直扎我心。

考试像灯塔，你总以为前方是无限的黑暗，却不知还有那一丝光明。

考试像一条不归线路，有的简单有的难，但它一定会来，很多时候是单行道，无法逆行。

考试是一场久旱的甘霖，使我们的成长之路顺滑甜美。

考试是监管者，我是求生者；考试是一杯蜜茶，看你会不会喝；考试是一根蜡烛照亮我的人生；考试是爸爸妈妈，看你想不想吃竹笋炒肉。

考试就像是一场魁地奇，当你将鬼飞球一样的答案打入球门时，像游走球一样的问题又把你打昏了，只有等到你抓住金色飞贼一样的正确答案时，这场魁地奇才能停止。

考试不是睡觉，不像睡觉那么悠闲；考试不是聊天，需要静下心来审题；考试不是发泄，要有正确态度；考试不是游戏，要正确看待它；考试是检查，检查自己的学习情况；考试像朋友，帮你看到自己的不足；考试是河水，带着知识奔向远方；考试像复习，复习一次受益一生。

考试像种子，一点一滴汲取养分，生根发芽，最后开出艳丽之花。

考试像一场战役，打胜了就能回家见父母，失败了就"无颜见江东父老"，但是我一上战场就绝不会打败仗。

考试是一场思维上的竞赛，头脑不停在活动，这场竞赛不会停止，给予了我们更强的思考能力。

考试像一座阶梯，你越努力就爬得越高，风景也就越好。

考试犹如一项马拉松，只要咬咬牙，坚持到底就能成功。

考试就像做菜一样，你认真去炒了就美味无比，放着不炒就变糊了。

考试是游泳，看谁比谁游得快。游得浅，只能看平凡鱼；游得深，可看见深海动物。

考试是火，我是烟花，考试让我放出美丽的烟火。

考试像走山路，开始时很艰辛，但最后一定会看到美丽风景。

考试是什么？对于尖子生来说是一种自我检测，对于学困生来说是一种问题暴露。考完后要查漏补缺，自我反省。奋斗吧，祖国的未来。

考试像赛跑，起跑需谨慎，途中需稳重，冲刺需努力，结束后需总结，考试的残酷更能磨炼人的意志。

考试像什么？或许是一场战斗吧，它是无情的。笔就是枪，你就是战士，而要面对的是一个又一个的敌人，以一抵万，你是"万人敌"！不打无准备之仗，不打无目标之仗。

考试像什么？考试像一次战斗，我们手中的笔便是炮弹，每做对一题就是打败一只怪兽或一个敌人，当你的答案错误时，就会听到Game is over。

考试是四季之变换。冬天有一个希望出现，春天希望在目标中生根发芽，夏天希望在努力中成长，而那金碧辉煌的秋天，希望在汗水中结出美丽、诱人的荣誉果实，它的名字叫成功。

追问带给我的思考就是要鼓励学生用文字来表达自己的思考。从考试行为、考试感受到考试哲理的每一次追问就像是一次螺旋式的提升。追问重塑了我和孩子们的考试观，让我们跨越了无数次考试危机，正确面对考试。

考试与复习

"追问考试"调节了学生对考试的认知，可是新的问题又来了，有考试就应该有复习。但是，孩子们对复习的理解不尽相同，有的恐惧，有的不愿意复习，有的认为复习很浪费时间。我将"追问"移接到复习，激励孩子们叩问内心，寻找复习的魅力。

学习就是坚果的壳，而考试就是里面的果，你永远不会知道它的真实面目，但是最后的成功者就可以尝到它的美味。

复习就是反复地给农作物松土、施肥，考试就是让它能在风吹雨打后见到最后的彩虹，考试就是对学过的知识的检测，是和一群高尚的人对话，能让我们对自己认识更全面。考试是人生不可避免的。

老舍说："骄傲自满是我们的一座可怕的陷阱，而且这个陷阱是我们自己亲手挖掘的。"当然，考试取得了成功也不能骄傲，"虚心使人进步，骄傲使人落后"。但有些人会抬杠说那我就不努力，考不好就没资格骄傲了呗。"No，no，no！"那你就大错特错了。或者你会说我比别人聪明100倍，没啥好努力的，那么身为智者的你就更错了。"天才是1%的灵感加99%的汗水。"爱迪生说。"我没时间学习，作业那么多。"有些人会这样回答。但时间就像海绵里的水，只要愿意挤总还是有的。"哪里有天才，我是把别人喝咖啡的工夫都用在复习上了。"最后送给大家一句，"抓紧学习，抓住中心，宁静勿杂"，就能做到"我成功因为我志在成功"。

考试是什么？考试是一根铁棒，要经历上万次精细的打磨才能成为一根很轻巧的针；考试是一道菜，要细细地翻炒和用上好的调料才能成为名菜；考试是一台机器，如果没有精细加工和完好的零件组装，就是一堆废铁。而复习是考试前的号角。

考试就是小溪里大个的石头，考验着一滴滴用水积成的小溪，当你发现小溪从石头缝流出，那便是希望之水；考试就是那天空的乌云，考验着一颗颗闪亮的明星，当你发现一束微弱的亮光，逐渐变亮变亮再变亮，直到出现在你面前，那便是希望之星。在人生路上我们每天都在经历考试，考试可以是测试，考试可以是困难，考试可以是挫折，考试虽然有损我们的信心，但我可以这样说，人生没有了考试就没有意义，人生需要考试的磨砺，也同样需要成功的欢乐，二者缺一不可。临近期末，我还是喜欢考试！

复习就像土地里的一粒种子，你有多努力也没有人看见，但如果它破土而出，全世界将为你赞叹。但如果还没到土层就放弃了，那就是碌碌无为的终生；复习尚未启动，何以来日方长？复习就像一次长征，行走在无际的星河，接受独处、接受寂寞，在复习中唤醒早已沉睡的知识，新旧知识的对话便是精彩的对话。

如果说考试是一次攀登，那复习就是双脚，可以让学习更上一层楼；如果说考试是一次滑冰，那复习就是一次又一次的摔倒，可以让我们站得更稳；如果说考试是一场航行，那复习就是一座迷雾中的灯塔，可以让我们在迷雾中找到方向。

在数学中两点之间线段最短，但是我并不这样认为，我觉得两点之间曲线最短。其中一点是起点，另一点是成功。每个人从起点出发，那两点之间就是学习之旅途。那线段就好比是捷径，许多人想走捷径获得成功，可是捷径因为人多而拥挤，学习的效率就会很低，那还不如绕开捷径踏踏实实地学习，直到成功的彼岸。让我们一起向成功奔跑吧。

复习是什么？复习是音符，考试就是五线谱，只有熟悉所有音符并将它们填入五线谱中，才能创造出最美妙的乐曲；复习是桨，考试就是船，只有坚持不懈地去划桨，才能让船越行越远，直到成功的彼岸；复习是一块磨刀石，考试就是一把宝剑，只有经过不断的磨砺，宝剑才能锋利无比，斩将无数；复习是一盏明灯，考试则是迷途中的渔夫，只有明灯散发出闪耀的光芒，渔夫才能找到彼岸回家团圆……复习就像一把钥匙，能打开考试这把锁，打开成功的大门，复习让我们从曲折的山路爬到山的顶峰。我一定会把握住这短暂的时间，努力地复习，为考试打下良好的基础，成为站在成功之巅的那个人。加油！奋斗！

这是1912不一般，一支整装待发的队伍，拿起复习的利刃，握紧知识的盾牌，他们从未畏惧考试，Rabbit作为统帅，鼓舞士气，让我们一天做得比一天好。复习的脚步快起来了，寒假作业之龙来了，只有勇敢面对，充分地复习，才能逃过龙的攻击。我们必须赢得考试大战的胜利，只有拼一把了。"政史地生"四大魔王降临，如果没有好好复习就只能挨揍。一学期以来各科老师带我们学了很多，百草园、绝对值、主系表、文景之治、经纬网、认识生命、生态系统，把它们抓紧，努力向前进发，便不怕挫折与困难。

复习是什么？复习是语数外的练与析，是"政史地生"的读、写、记，是根据单一知识点做出的判断与联系，是学到学会再到运用的阶梯。复习不是一天两天，而是长时间的知识积累。只有复习才让一切容易起来。1912的复习更不一般，我们是为了走向世界，为了成就自己，为了改变人生而奋斗着。

我一直在认真地复习着，我按捺不住内心的激动，因为我充满了希望。但是我最终的目的还是那只坐等已久的大熊猫。它每天坐在那个书架上看着我，每当我心灰意冷时，那只大熊猫便给了我无限的动力，我的心中有一种声音，不停地呐喊着，"I want a panda, I want a panda！"我心中的图腾，可爱的大熊猫在催我奋进。相信自己，为了一切安好。

学习就宛如造船，复习像加固，而考试像铃响，渡海的比赛开始了。半年的辛勤将付诸其中，渡海是艰难恐怖的，彼岸却是轻松而幸福的。首先，要看你是否设置了防止跌跌撞撞的细胞膜，它们是由海边的贝壳组成的，柔软有力。其次，你的细胞质是否轻盈呢？这倒不是要你丢掉桅杆，是要忘却舒适的安乐窝，抛却心中一切杂念与浮躁，轻装上阵，相信自己苦了那么久造的船定是铜墙铁壁。最后，你是否有一个坚强的细胞核。俗话说的增强生命的韧性不是没有道理的。大海当中太多隐忍潜伏的惊涛骇浪，若你用自己坚固的船身和坚定的意志去击败它们就会成功。好比越王勾践，卧薪尝胆，居安思危，深谙生活难免有挫折的道理。你作为这艘船的主人，控制着它的运动，你要是它，你勇往直前吗？深夜，我们仰望碧波荡漾，星辰璀璨，游船在芦苇丛中，寻找自己的一方天地。

复习是什么？有人说它是一座回头桥，去回望自己走过的路，而我认为它是一个丢失了宝贵物品的马虎，需要回去仔细寻找自己丢失的物品。那么说到这里，在复习时也一定会遇到一个词"考试"，这两个孪生兄弟关系密切，当你要考试时复习一定会早早赶到前面来，当你要复习时考试也一定会在后面耐心等待。那么考试是什么呢？如果它是一个时节，那么一定就是秋末了。你在春天辛苦播种，夏天用心呵护，那你就会度过一个快乐的秋末。反之，你既不播种，也不去呵护，那你就会度过一个虚无凄惨的秋末。如果它是一杯甘醇的酒，那么之前你酝酿得越多，等待得越久，口感就纯甜；如果你酝酿得不够，也不会耐心等待，那你就只能原地踏步，这两者之中我相信你一定会选择第一种等待。既然这样，让我们捧起书，拿起笔，不要吝啬琅琅读书声，不要害怕耗尽力气，你要相信运气是有人性的，它会选择更努力的人。你总是认为自己已经很努力了，那请你不要惊讶，比你优秀的人比你还要努力。也许你认为自己天生不如人，那与其花时间自怨自艾，不如花时间创造自己想要的生活，你要相信你虽然改变不了世界，但你可以改变自己，不要就这样认命了。

我宁愿抛头颅、洒热血、战死疆场在所不辞，轻伤不下火线，誓要为"熊猫班"贡献出一分力量，拥抱它——考试。

考试来临，请各单位做好战斗准备，敌军准备发动猛烈攻势。敌方首先派出轰炸机——政治，我们躲进战壕，全体成员安全存活。第二轮攻势——地理，我们成功挡下了这一次进攻，虽然两轮攻势过去了，但我们还毫发无损。第三轮攻势迫击炮——生物、历史，这一轮攻势太猛烈，我们准备往后撤退，但总司令Rabbit发报让我们坚守阵地，援军马上就到，于是我们继续坚持。三轮攻势后，我们已经死伤了一些兄弟，我们要为他们报仇，最后的决战时刻来临了，敌方派出骑兵部队、步兵部队、装甲车部队——语文、数学、英语，这时援军到达，我们准备和他们决一死战。

一番激烈的战斗后，黎明初起，那半轮太阳意味着我们胜利了，考试就像一场战争，只有不断与它拼搏，才能取得最终的胜利。

第四篇

"又"——又惊又喜

被看到的感觉

　　每次相遇时，与世界的其他观点都被悄悄切断，留下的是人与人之间的诚恳的接触，当我们以双手或笑脸回应对方的时候，我们共同创造和分享着这段时空。①范梅南在他的书中一再表述这样一个观点，每个孩子都需要被"看到"。

　　这句话深深地打动了我，让我想起了多年以前的故事。2008年，四川汶川大地震刚过一个星期，我和一个聪明的女孩聊天，她无意中提到了一件难忘的事情——在去午餐的路上遇见了我，并和我打了招呼，可是我没有回应，让她很伤心。她向我描述当时的心情：沮丧、难过，甚至想……她停住了，没有说完后面的话，我示意她把话说完。她看着我坦然地说："当时就想跳楼！"我惊讶地望着她，为自己全然不知此事而感到非常抱歉，为孩子现在的坦然而感到内疚和自责。

　　女孩与我相遇的时候，她与世界的其他关联都被切断了，她将所有的眼光都集中到我身上，渴望得到我的回应，可是我没有注意到她而错过了与她共同创造和分享美好时空的机会。

　　一个学生被老师注意到、被看到，意味着自己的存在被人重视，自己是一个独立的个体，或者是一个小大人了，这样的"看到"被赋予了特殊的教育学的含义。因此，被老师看到的孩子是幸福而幸运的，但并非每个孩子都会被老师看到，都会得到老师赞誉的眼光，所以每一天早晨或者傍晚，我习惯了去看一群孩子，这变成了在特定的时空里对他们的重视。

---

① ［加］马克思·范梅南. 教育的情调［M］. 李树英，译. 北京：教育科学出版社，2019.

　　早餐在去食堂的路上，朦胧的灯光下有问候的声音和孩子们的回应。有孩子告诉同伴，老师用英语在问候自己，他好开心。有的孩子加快步伐赶上我问候一句："Good morning, Rabbit！"难道他仅仅是为了这句话吗？他是不是想要被老师看到呢？他是不是想要得到老师的回应呢？

　　中午午休回来，我会站在台阶上微笑地等待每一个孩子。晚餐前会目送每一个孩子离开教室，确保他们都走进了吃饭的队伍，然后在教室里静静看书备课，等待第一个返回教室的孩子，等他一推门惊讶地发现我。原来我的等待也是希望被学生看到。

　　对于师生，校园里的每一天都有特殊的意义，被赋予了特殊的色彩，外向活泼的孩子会主动被老师看到，内向安静的孩子却不能够得到教育学的眼光。而我们所说的生活学习当中难以相处的问题孩子，他们会犯各种各样的错误，但其实他们的内心有一种心理需求，就是能够得到老师的关注，能够被老师看到，被同学看到。当老师注意到他的时候，他的心里有一种满足感。如果老师能够适当地处理，并采取机智的方式化解这个问题。在适当的场合用适当的方式去看到这样的学生，那么问题学生的内心得到满足之后，他们会渐渐回归到正道上，从而和老师握手言和，和学生、同伴相处更加快乐。

　　被看到的感觉真好。

只为你们

语文课学习了《皇帝的新装》，学生得到了一个新的任务，小组分角色表演《皇帝的新装》。任务一下来，班级里就炸锅了，教室里热闹非凡，学生纷纷抢着自己喜欢的角色，准备每个角色的对白，你一言我一语，教室成了没有围墙的舞台。桌子、椅子、书架、书本成了道具，学生围绕自己的小组，打开了话匣子，一个个小戏精，突然把教室的空气激活了，弥漫着各种各样的色彩和味道。

今天上午一早，教室里的桌子被调换了位置，围成了一个长方形，一群孩子撑着雨伞（道具）。孙曦和脱掉棉衣，当了皇帝，他非常享受"皇帝"这个角色，趾高气扬地领着一群"大臣"在有限的区域里来回走动，浑身"皇帝"的气质。我站在窗外观看，周围的学生是大街上的人群，不时有人说"beautiful""wonderful"；还有人在窃窃私语："皇帝没有穿衣服，皇帝没有穿衣服。"声音很小，但是这个声音却渐渐扩散开来。个子最小的子箐站在人群中大声说："皇帝真的没有穿衣服。"人群中爆发出一阵骚动，他们模仿着教材上的语言和情景，表情到位。我在想这就是一群小戏迷，骨灰级的小戏迷，难怪他们平时在我的面前有那么多的表演技巧，作为班主任的我常常被他们套住。

一群小戏迷在有滋有味地表演，进入角色的氛围触动了整个教室的神经。语文老师在讲台上认真摄像，记录学生的表演。

下课了，同学们意犹未尽，还在不断地谈论着《皇帝的新装》里面可笑荒诞的故事以及背后的意义。等到上英语课的时候，我突然说了一句，我们英语也有这个剧本，可以把英语剧本拿给同学们试试，他们居然欣然答应了。我突然提出自己也想参与到表演当中，一个学生激动地说："老师你不能表演，这皇帝都不穿衣服，你去了不好，再说这么冷的天，会不会把你冻感冒啊？我们美丽的女神是需要保护起来的，就像我们班上的熊猫宝宝一样，我们不能让你参加，你就好好地给我们做指导吧。"他说话时认真的劲儿，真的让我感动。一个女孩指着我穿的黄色短裙大声地说："您就每天穿漂亮的裙子，在我们面前展示就足够了，每一天我们都盼望着您穿不同的衣服。"

学生们观察得真仔细，他们居然发现我每天的衣服都不同，但是他们却不知道真正的原因是什么。我没有告诉他们，我要他们悄悄地去发现，学会观察。但是我的内心知道，我每天展示在学生面前的自己一定是一个有底气、有精神、有内涵、有修养、有品位的老师，同时我的语言、眼神和行为一定是充满了爱心、童心和关心。我希望用自己的每日行为和外表给学生做一个示范，让他们也懂得爱自己、爱生活，关心自己的每一天，让自己成为最好的那一个，每天内心都是充盈的，对整个世界充满了美好的期待。

有一个比较了解我的孩子，神秘地告诉周围的同学，罗老师会做衣服。我看到周围几个同学诧异的眼神瞬间转向我，张大嘴巴看着我。他们表示怀疑。面对这样的情景，我只有招供了，我再也架不住自己的那份傲慢，我坦诚地告诉他们我会做很多手工。我可以做衣服，其实我每天穿的裙子都是自己做的，我要把自己打扮得漂漂亮亮的，用双手创造一个美好的自己。学生听了之后，满口的女神，漂亮的女神、我羡慕的女神、我仰望的女神……他们能够用的形容词都加上去了。看到一群孩子在我面前所表现出来的纯粹的爱，我想，每天为他们付出十几个小时真的值得，仿佛我已经回到了最初的选择，不问世界，不问周围，但问我和他们相处的日子是一种美好，在美好中探索，在探索中寻求美好。

我的到来只为你们，这是我最新的自我认同。

不期而遇的奖励

　　教室里安静极了，我从窗外往里看，学生都在做作业。这是很少有的情景。一般晚饭过后是他们最热闹的时段，在教室里面打闹、追逐、聊天，站在对角线上扯着嗓子说话也不喊累。十一二岁的孩子，他们的天性就这样，天不怕地不怕，如果有机会他们可以跳上房顶，也可以下河去抓鱼、爬到树上逗老师。但是今天他们却安静了。黑板上写着三个硕大的词语"静学""劲学""尽学"，在三个词语中间有一个阿拉伯数字15。没有人理我，没有人随便东拉西扯地提问，没有人来举报同学。我琢磨一会儿，明白了其中的含义，15代表时间，距离期末考试还有15天，三个词语表明了学生的态度："撸起袖子加油干！"用心良苦，管理有方，领头的是有计策的班委。

　　这里有一种契约，大家珍惜15天；这里有一种自身认同，只有在安静中铆足劲儿尽力而为才能取得好成绩；这里还有一种内心的驱动力，唤醒每一个学习共同体各自管理好自己，在期末决胜负。

　　我在教室里走动着，思量着如何顺势而为。讲桌上的奖章和班徽提醒了我。我静静地走到每一个学生面前，将一枚枚奖章轻轻地贴在他们的桌角，并根据不同的学生特点悄悄说上一句祝福语，只见每个孩子微笑着收藏好自己的奖章。有的把它放在书里面，有的固定用一个小笔记本珍藏起来，有的把它贴在了家校共育本的扉页上，有的把它放在规划本上面，只要能够收藏起来就很好。还有的孩子在每一枚奖章下面记录下日期以及得到奖章的理由，有心的人总是做出令人感动的事情。

　　我告诉他们班级奖章是有价值含量的。首先，奖章意味着自己的努力。其次，奖章意味着自己常常帮助他人。另外，用奖章可以换得你喜爱的熊猫礼物、意外的奖品、减少假期作业奖励，或得到一份私人定制的作业。他们激动但保持安静，学着用心去唤醒自己，从内心去接受一次次的惊喜。看到每个孩子将奖章收藏好之后，又继续投入学习当中，我的内心充满了喜悦，因为他们知道我的奖励从来都是不期而遇的。得到者就是幸运的，况且今天是团体奖。

爱的协作

　　班级是一个集体，是一个全体学生快乐学习、生活、成长的集体，是一个合作、携手同行的集体。如果这个协作的集体充满了活力、朝气、情趣、思维爆炸，那这个集体就是生机勃勃的共同体。如果这个集体充满了爱、关心、互助，那这个集体就升级为学生生活成长的真实的而富有精神力量的集体。里面种着一棵棵精神树，树的周围是富有生命活力的爱的精灵。

　　教室里学生正跟随语文老师徜徉在阅读之乐中，突然宇辰生病了，腹部不适引发呕吐，全身弄得很脏，桌子上、椅子上、地面、书籍、文具上全是呕吐物，教室里迅速弥漫着令人作呕的味道。老师立刻停止教学维持现场秩序，组织学生去请校医。周围的几个男孩立刻行动起来，将他扶起来陪伴他去医务室检查，然后回宿舍换衣服。另外几个男孩拿起毛巾清理桌面、椅子、文具，用扫帚清理地面，操起拖布将扫过的地面清洁干净，其余孩子帮着移动周围的桌椅，移开，再移回原位、摆放整齐。做事的孩子动作麻利，表情滑稽、可爱、俏皮。有一个孩子在清理时调侃了一句：吐的是昨天吃的东西，今天学校没有面条。一阵哗然中，地面已经清理干净了，桌椅整齐了，周围的孩子又回到座位。馨杨拿起喷壶在教室里喷洒消毒水，桌面、地面、打扫卫生孩子的双脚、裤腿，清洁用具毛巾、拖布、扫帚。顷刻间教室里弥漫着消毒水的味道。

　　这就是学生给我讲述的刚才发生的一切，他们做完了才来告诉我。我疾步走进教室查看，教室里井然有序，语文老师在组织课堂教学。回到办公室，我回味着学生讲述的情景，内心涌起一阵感动。

　　孩子会在紧急情况下有序地分头行动求助各个部门——现场的教师、医务室、德育处、办公室、班主任、寝室、家长。

　　孩子会主动帮助生病的同学，并提供有效的服务，难能可贵。

孩子有珍重生命、敬畏生命的意识，对身边的同学和老师的关爱体现了他们的个人综合素养——友善、和谐、关爱、互助。

我对孩子们的行为给予高度评价，为每一个参与者颁发一枚奖章，并在个人综合素养上分别加分。然后开启了一场讨论，主题是：如何应对突发事件？

学生分小组讨论形成小组意见，在班上进行交流。

第一，教室里遇见老师或者同学生病了，班长组织学生维持秩序，体育委员到医务室请医生到教室里来，劳动委员到德育处请老师过来帮忙，学习委员请班主任到场。任何人都可以自觉地参与到基本的应对行动中。

第二，使用学生卡与家委会或者家长联系。

第三，其他同学在室内保持安静，开窗通风，留出急救通道。

第四，生活委员负责记录生病同学或者老师的发病症状，以备不时之需。

第五，建议班级召集懂医学的家长开展急救知识家长讲堂，普及紧急救援的常识。

第六，教室里配备专用药箱，准备常规的药品以备急用。

经过学生的讨论分享，很多学生的眼界又打开了。有的表示遇到生病的同学要关心询问，要寻求帮助；有的表示不围观同学并主动及时禀报老师或者学校；有的愿意提供志愿者服务……

在后来的许多小事上，都可以看到学生在这方面真的是按照他们所讨论的意见去做的。如果有学生生病，他们会主动跑到办公室来找我。每当看到我站在教室里面有点不舒服的时候，就会有学生问："老师您需要喝水吗？您需要坐一下吗？"有一天我的手被打印纸划了一道小口，血渗出来了，璐涵看见后马上走到急救药箱前，打开药箱，拿出碘伏给我涂上，然后拿出创可贴帮我包扎伤口。她的动作娴熟麻利，表情淡定不慌张。包扎好了之后，我奖励了她一枚熊猫奖章，并告诉同学们："今天我收获了真正的关心和及时的帮助，小事件是检验我们的试金石。在事件中我们可以观察到一个孩子敏锐的观察力、敏捷的行动力，这是生活中需要的。"

每天龟稀同学负责跟踪记录班级健康动态，遇到问题，及时联系班主任和德育处。这些可以培养学生关注身边的人和事的洞察力、行动力、协作力、应变力。所谓核心素养，是去掉知识性学习之后的各种能力和关键品格的再现。唯有真实的生活场景才有最真实的教育之道，离开生活与生命的教育都是空谈。

为你停留

    2015年12月1日，星期二，我接受一所中学的邀请到学校去上一堂示范课。我准备了人教版英语八年级上册第8单元SectionA1a～1c的内容，教孩子们制作奶昔。

    清晨，我带着许多东西风尘仆仆地赶到学校，正好是孩子们上第三节课的时间。我稍做准备就直接进入了课堂。一扫眼，才发现眼前的孩子们，一双双好奇的眼睛注视着我，我扫视着讲桌上的道具，牛奶、香蕉、破壁机，还有别的东西。没有热身的时间，直接引入了主题。

    随着课程的深入，许多孩子开始渐渐习惯，并跟着我的指令来学习，学着说英语，学着示范的动作来积累新的英语单词和短语。在教学中，我通过自己的感觉，发现了一个奇怪的现象。我右侧的学生比较爱举手发言，口语表达还不错，有好多孩子还多次举手起来配合我的教学，我的内心感觉到了喜悦。但就是在喜悦的瞬间，我又发现我左侧的学生只有一个女孩子喜欢举手，我不能够总是抽她起来回答问题。于是在练习听力的时候，我走到了孩子们中间，发现这一侧的好多男孩子无法完成听力任务，没有任何的感觉，无法下笔。我再次播放了一次听力，然后检查答案，发现有两个男孩子跟上了我的节奏，但是很胆怯，眼睛似看非看地瞟了我一眼。那眼神有内疚，有难为情，有难过，有羞涩，还有期待。就那么一瞬间，我的内心像被扎了一下，有一种揪心的感觉。我走到其中的一个男孩子面前，弯下腰，然后靠近他的耳朵，告诉他怎么发音、怎么填写答案和怎么大声读出来。然后我就离开去检查其他的孩子了。转过身，我开始抽同学起来回答，还是右侧的同学积极活跃，左侧的同学没有人举手，我期待着他们举手，哪怕就是一个小小的暗示我也会很开心，可是没有。于是我抽了一个埋头的男孩子，他抬起头，不好意思地略笑了一下，周围的同学望着他，后面听课的老师等待着他。这样的沉默不语是教师提问后，等待学生回答的黄金时间。我依旧耐心地等待着他，几秒过去了，他慢慢地读出了一句话"Cut up the bananas"。读完之后，他没有抬头，我看着他直接说："Please look at me！Look at me！Look at me！"我一连说了三次，他抬头了，看着我，我给他竖起了一个大拇指，表示对他的祝贺。他不好意思地看着我，嘴角浮出一丝不易察觉的震惊和喜悦。等待对于学生尤其是课堂上没有自信、不敢回答问题、不能够与教师建立交流和沟通情境的学生来说，是非常重要的。等待给了他们信心，等待给了他们机会，等待给了他们一次次成长，等待也考验着老师。

在评课的过程中，他们的老师提到了这个同学：英语学习能力不是很好的孩子，接受能力有限，平时成绩也是不好的。但是今天的场面让老师们很震惊。几乎每个老师都提到了这个场景，而且很感动，并且觉得自己平时教学没有过多地注意到这些，希望在以后的工作中也会注意到这一点，并表示一定要学会多关爱学困生，关注他们的生活和学习。教师在课堂上应给予不同的学生不同的关注，用老师的眼去观察学生，看他们需要什么，尽量调整自己的课堂，而不是一味地按照进度，按照自己预设的答案和流程把教学内容上完，那只是完成了自己教学的内容，而没有让学生学到他们应该学习的内容。这让我想起了帕尔默的观点，师生在一起上课，就是一个和谐的舞台。

后来，几个男孩子的眼神一直在我的脑海中浮现，好像在告诉我什么，是感谢吗？感谢我为他们多停留了几秒？还是因为他可以站起来回答问题，在那么多老师和同学的面前，得到了一个竖起的大拇指？还是因为今天有一个特别的老师，素昧平生，却没有忽略他的为难和不安以及学习的不足，关注到了他的存在，真正地为他放慢了脚步，为他多停留了几秒，让他在这堂课上获得了一份久违的尊严和尊重？我一直在思考这样的问题。曾经我总是为成绩优秀的学生停留，也偏爱他们，倾听他们活跃思维后的辩论和表达是一种享受与触动。但是今天我感觉到曾经的我也许忽略了很多东西，尤其是对学习层次差一点的孩子，我真正应该为之停留的是不是他们呢？一堂完整的课不能只有优秀学生的配合，也需要其他层次学生的点缀和丰富。倾听学生的声音，不仅要听优秀学生的声音，也要倾听不同学生所隐含的内容以及他们的心情和感悟。

当然，这堂课我没有按照原来的计划完成，这个孩子突如其来地跳出来，让我看到了一个学习成绩比较落后的孩子，内心同样也有渴望。一名好的教师不仅仅要上好一堂课，更要学会在课堂上用自己的眼睛去发现、去感觉那些落后的孩子，那些没有机会展示自己的孩子，并为他们停下来，为他们的片刻尊严留下点什么。尽管我没有好好地完成我的教学，但是我依旧很开心，因为我做了一件很值得记忆的事情。也许那个晚上，这个孩子会告诉他的妈妈，有一个不认识的老师，居然给了他一次机会，让他说出了一句英语，让他感受到内心的喜悦。也许这个孩子的心底会因此埋下前进的种子，鼓励他往前走。

太匆忙的脚步会错过许多美丽的风景，脚步放缓，会在不经意的一刹那收获一份惊喜、感谢和信心！

速度太快，会忽略掉身边的风景，跟不上灵魂的发展。为我们的精神放慢脚步，教室里的风景无处不在，课堂上的风景无处不在。

醒了

初中的孩子无论是身体发育还是思想变化，都是最为复杂的。复杂性在于孩子的可变性、可塑性、可能性、敏感性。复杂性在于生命成长的不可逆性，也在于孩子所面对的生存环境。我常常看到毕业的孩子在聚会时所表现出来的放松、坦然、无拘无束和阳光，我总会问自己：初中时他们的捣蛋、错误、恶作剧、挫折与失落究竟算什么，在孩子生命成长中扮演着多重要的角色？我们家长和教师会不会过于放大他们的错误，放大自我的教育效能，还是有意识地忽略了他们的问题？一个初中"坏透顶"的男孩在拿到录取通知书时，侃侃而谈、信心百倍地憧憬着未来，过去的那些"坏透顶"的事早已消失殆尽了。所以，我总是无数次提醒自己：善待"有问题背景"的学生，善待"坏透顶"的学生，善待"严重偏科"的学生。阶段性的错误在孩子的一生中只是一个小小的插曲。下面这个故事就是我想分享给大家的。

清晨，我漫不经心地打开我的空间，看到了一条这样的留言：

敬爱的老师，教师节来了，我首先想对您说一声：老师，节日快乐。老师我要谢谢您三年来对我的教诲，谢谢您的严厉让我健康地成长。现在我们都长大了，即使都有了新的环境，但是在我的心中一直装着您。是您陪伴着我们成长，是您教给我们做人的道理。走出校园有一种想返回校园的冲动，走向社会才知道您的可贵。

最初我很粗心，没有看到后面的姓名，想了很久，也没有想出是谁的留言。又到空间里去搜索了一遍，我有了一点眉目——肯定是星星的留言。难道他……我没有更多地想下去……

孩子已经毕业上了高中。偶尔从同学那里听说他的故事，心中有一种隐隐的痛楚。毕竟是自己带了三年的学生，我们之间是有感情的，没有办法把他的影子从脑袋里赶出去，心里挂念着他。我想到了我们在食堂外面的争执，想到了因为零花钱而召开班会的情景，想到了他那酷酷的外形和身上的名牌衣物，想到了他和同学们的交往——另类而且嚣张。贪玩是他的爱好和唯一的追求，时尚是他的座右铭，高消费是他特有的豪气。就在化学和物理中考实验考试的早晨，他居然宣布不参加考试，躲在家里不出门，让老师和家长为了他而急得团团转。这是一件天大的事情，没有人可以说动他，他只能与考试遗憾错过。他是一个问题孩子，是一个让老师和家长头疼的孩子，甚至我曾经预言，只有当他经历了许多磨难的时候才会长大懂事。我的思绪为他而奔流。

中午时分，我正在办公室里休息，一个身材高挑的男孩子站在我的面前，毕恭毕敬地向我问好。还是那样帅帅的，酷酷的，笑起来很好看，比以前成熟多了。我们找了个安静的地方聊天。他很健谈，谈他的现状和未来。但是有一句话他重复了很多遍：我长大了，我懂事了，我知道自己该怎么做了。他告诉我他现在居然可以静下来坐在教室里看书做作业了，不再感觉学习无聊，不再要求父母购买名牌衣物，不再三五成群地在街上闲逛。他发现了学习的意义，这是他的觉醒。从孩子的眼神中，我看到一缕曙光在升起。在他离开前他还对我说了一句心里话："老师，你一定要教孩子们怎样做好人，无论成绩好坏！"

感动来自他的肺腑之言，是他以自己的经历提炼出来的希望。我不得不承认孩子的确成熟了许多。望着他离去的背影，我只有默默地祝福他：晚到的醒悟也需要青春的代价。只要醒了，就有可能和不懂事的时期割裂关系，和自己感兴趣的方面建立链接，产生新的学习、生活的动力。这是成长！

暖心的糖果

　　雅斯贝尔斯式的"教育戏剧"的教育价值在于"教育戏剧"让不同的云朵相互推动，让不同的树木相互摇动，让不同的灵魂相互换气。[①]

　　事情已经过去两天了，而自己的脑子里一直萦绕着一件事情，一个画面，一个女孩，几小袋糖，无法忘记，内心涌动着激动和爱。

　　下课了，小璐璐走到我的面前，请求我行知课给她5分钟。我不假思索就允许了，她很开心。下午的行知课是孩子们盼望的舞台，也是我盼望的阵地。这里是一个教育的空间，弥漫着班级的育人理念和价值观。在繁忙的教学中，我不舍耽误每一分钟。我走到教室门口，孩子们坐在教室里等待眼保健操，只见小璐璐站在讲台上，一个人写着"运动会颁奖仪式"。我看着她，认真、安静、用心、用情地注意着每一个细节。时间很紧，我正在纳闷的时候，体育张老师走进了教室，难道有什么事情？

　　我好奇地看着他们，渐渐明白了孩子们的用意。他们邀请了张老师给运动员们颁奖。张老师先给每个参赛的运动员赠送了一个漂亮的文件袋，并附上一句话："体育运动重在参与，受益自己和集体。"然后他给参加迎面接力赛的孩子们颁奖，瞬间将氛围推向高潮。孩子们用自己的方式庆祝运动会，用喜欢的方式复盘运动会的收获。这是一种接受教育后的状态。

　　后来，只见小璐璐站在讲台上一本正经地说："运动会期间我负责稿件宣传，我看到了很多同学在努力。他们舍不得玩耍，认真写稿件记录运动员的比赛动态和可贵精神，或者做志愿者在运动场上服务。我为我们的宣传团队和服

---

① 李政涛. 教育与永恒［M］. 上海：上海华东师范大学出版社，2019.

务团队感到骄傲。我特意买了一些小礼物来奖励大家，感谢同学们对我的支持和对班级的支持。"

我不敢相信自己的眼睛。她将写稿件最多的孩子请上讲台，然后是稿件被校园广播播报的同学，还有……一群孩子围着她，伸出小手，等待着她将一颗颗糖放到他们的手里，这个情景让我想起了小时候"过家家"的游戏，孩子们就乖乖地站在她的周围，不争不抢，安静等待。这是什么？这不就是我天天盼望的有序分享吗？不就是班委的自主管理吗？不就是同伴之间的相互鼓励和帮助吗？不就是学生共同体的发展模式吗？此刻的我，就是一个观众，一个观看学生表演的观众，而他们的表演不是我们常规认知中的为了表演而表演，这里没有出色的演技，唯有"用心、用情、用智"的真实情景。

我的内心被孩子们的举动再一次洗涤。这让我想起李政涛的一段话："戏剧如此吸引教育者的目光，在于它包含了异常丰富的育人价值，带给儿童以想象与创造，合作与沟通，自信与自主，还有善良与同理心，它还承担了医生的角色，治愈儿童心灵疾病的功效。为这些教育戏剧尝试而奠基的活动是'表演'，观看他人表演和自我表演，贯穿其中的是模仿和创造。"[①]孩子们的"表演"治愈了我忙乱的心。

把课堂还给学生，就是把自主表演的权利还给学生，让学生充分地表演，以教育的眼光看学生表演，穿透种种故事、角色、场景，看到人的变化与成长，这就是教室里的戏剧，它可以打开学生的想象力，让身体和思想走向融合。把教育戏剧化变成常态化。把教室变成一个剧场，课堂就是舞台，教学就是演出，教育戏剧的教育价值才能融入学生的日常教育成长当中。在这里，我与雅斯贝尔斯式的"教育戏剧"的教育价值产生了真实的链接。

"第56号教室的奇迹"的创造者雷夫说："我们的演出不是为了得到掌声和经久不息的起立喝彩，而是关乎语言、音乐、团队、合作、冒险、纪律、勤勉以及自我发现。"观看小璐璐的演出让我有新的"自我发现"——用教育成长的眼光看到学生的自我成长。

---

① 李政涛.教育与永恒［M］.上海：上海华东师范大学出版社，2019.

试错与体验

　　课堂上常常发生这样的情境：教师把问题抛给学生，扫描全体学生一遍，等待学生回答。如果有人回答，有的老师会饶有兴趣地倾听学生的回答是否接住了先前自己抛给学生的问题，并给予及时合理的评价；也有的老师等不及思考问题的沉默的学生，会迫不及待地给出答案，等于自问自答；还有的老师直接跳过问题，自顾自地继续讲课。

　　教与学的双边关系，缺一不可。如何才可以让双边关系发展正常化呢？这是一个值得思考的问题。从另一个角度来看，学习的本质是基于所遇到的问题、困惑、焦虑，去寻求解决方案与办法。借鉴前人的经验，是一种学习，利用已有经验去尝试解决当下的学习问题，这就是体验，在体验中把学到的知识转化为技能需要尝试，尝试不一定一次成功，这就是试错。在学习者的试错过程中，教育者需要等待。试错和等待是学习中必然会有的过程。所以，教育者（不论是老师还是家长）急于求成的做法是不可取的。教育者对学习者的正确态度是等待，学习者对于学习的正确态度是敢于尝试、体验。

　　那么，尊重学生对学习的认知规律，尊重他们遇见的问题、困惑、焦虑，辅导他们正确的学习策略，即用已有的书本知识和已积累的经验来打开问题之结。体验、解决、遇见新问题、新的体验、新的解决方案直到真正解决，这是一次次体验升级的过程，一次次思维螺旋形上升的过程。如果学生缺少了这样的曲线运动，减少体验，走直线路径，直击学习的终点，就失去了一次次的试错体验，也会失去知识内化与学生生活成长联结的学习过程，"做中学"也就失去了最初的意义。在听懂和做到之间有很长的距离，这个距离便是学生体验、试错、探究、展示的过程。

　　究其原因，很多教师和家长会埋怨学生不配合，责备学生能力有限，但真实的原因应归咎于家长和教师。

第一，家长或者教师害怕学生犯错而产生代劳的补偿心理，自己动手或者直接给答案，剥夺了学生试错体验和学习的机会。

第二，家长和教师缺乏耐心与包容，害怕孩子因为错误浪费时间，不愿意等待，不能包容和理解本来就缺乏学习能力的孩子，武断地终止体验过程。

第三，教学的客观因素是教学进度紧张。大量教师走上这条不归路与紧张而短暂的教学时间有密切关系。时间紧，就要压缩教学内容，压缩学生体验试错的过程，直接灌输纯粹的知识。完成教学任务无可厚非，但也要关注学生真实的学习是否发生并产生了效果。填鸭式教学让孩子丧失殆尽的是试错与体验以及更多。

第四，家长和教师的个人价值观屏蔽了学生的试错与体验。他们认为，只要有知识就等于有学习能力、生存能力，就等于万事大吉，成功就在眼前，似乎孩子成长所需的一切元素都在已有的知识中，是否体验与试错已无关紧要了。唯有刷新理念，才能让孩子受益。

对于这样的问题，教师和家长需要正确面对，终止代劳，终止急于求成，用包容、理解、等待来给予孩子体验与试错的机会，使教与学融合在一起，产生新的生命力。

学习让我们蜕变

我们常常会组织主题式的心情随笔活动记录学生的一天，虽有主题，但不拘泥形式。围绕主题去链接自己的经历和感受，梳理情绪和态度，定位新的发展方向。这个办法很好，我可以从学生的文字间感触他们的思考。

学生1：临近期末，每天的时间快速流逝，看着日历上的日子被一个个画掉，我都有一种茫然若失的感觉，却又睁大眼睛疯狂地享受着期末考试前的种种挑战。

不过我知道，每天的疯狂之后，一定有丰富的收获。这使我想到了今天讲的《西游记》。我们就像那西行的队伍，有的是神通广大的孙悟空，有的是憨厚老实的沙悟净，有的是可爱调皮的朱悟能，还有的是任劳任怨的白龙马。我们被唐玄奘收服前都犯过许多错误，所以作为赎罪，我们就得保护唐玄奘取得真经，在经历了九九八十一难后，方得幸福与成功。

学习之旅，就如同一路西行，路上少不了像红孩儿、白骨精那样的妖魔鬼怪，也会有真假美猴王的迷茫无措，还有很多三打白骨精后的被委屈、被冤枉，但是我们坚信更多的是像"观音菩萨"的帮助，不变的是像"三借芭蕉扇"的成功。

学习让我们蜕变！

学生2：不知不觉一年就过去了，这学期也只剩10天了，我们从不同的小学走来，遇见熊猫班，与罗老师相遇。要问我这一年你想不想再来一次，我一点也不想。我认为我选五（3）班对了，我选择新都一中实验学校也对了。回想起来，我的变化不止一点点，罗老师给了我们很多礼物：思维导图、做题方法、熊猫文化等，这是很多人都没有的。我非常幸运，遇见之美已经将我这个调皮捣蛋、不知天高地厚、狂妄自大的家伙变成了爱学习、爱班级、爱老师的"熊猫家族"中的一员，我终于明白"黑白相生，方圆共济"的真实内涵了。我爱的班级、学校、老师就是我生命成长的栖息地，我的精神家园。

学生3：时光流逝，回望过去，从喜庆新春的初次见面到今昔的离别，还有最后两天你就会成为永久的过去，我也将以喜庆的面容迎接2020年的到来。如果你很遗憾地不能看见我们全新的开始，2020年会向你诉说，我们就像以前的你一样。不要因此而沮丧，你也存在于我们的心中，那里有一条名为"阿塔霍兰"的记忆长河，那是美好而幸福的聚落。在那儿，你会听到我们不一样的故事，也可以像你的长者一样去做一次流水快车启程的冒险，你会看见春夏秋冬，你会听见人们的欢声笑语，你会找出属于我们不一样的事情，你也是我们的引路人，你见证了我们的成长，用你仅剩的时间鼓励着我们一步步向前走着，再见——2019！再见，那个胆小而柔弱的女孩！

佩戴上熊猫班徽的那一刻

班徽制作出来了，同时用班徽制成胸徽，银白色，栩栩如生，很漂亮。学生相互佩戴上胸徽，开心、自豪。他们互相抒发着内心的喜悦。

学生1：哈哈！班徽！精致、漂亮、大气！班徽中心是一只烤瓷的熊猫，黑白两色，简约、大气、阳光、可爱。熊猫的下面横卧的是竹子，预示着熊猫成长的生态环境。学生学习与书有关，书最早源自竹简，所以竹子同样预示着学生成长的环境。"Panda 1912不一般"熠熠生辉，如生命力旺盛的竹笋从林间冉冉升起。刻着"自主、自立、自强，向上、向善、向美"十二个银色的字，清晰、隽永、立体，这是我们的班级文化精神。每个同学手中拿着一枚熊猫班徽，我们相互将班徽佩戴在胸前，内心充满了自豪和骄傲。

我刚进入初中，一开学便听到了熊猫班的名字。刚开学时，我并不知道我们为什么要叫熊猫班，但是我们从各种各样的活动中慢慢开始了解"熊猫"的含义。我们设计教师节贺卡、姓名卡、国庆70周年小报、班徽班旗、运动会会旗等能够标示我们班的标志。我们从众多的搜索和讨论中悟到了熊猫的各种特质：珍惜成长、厚道慢成长、黑白兼容并蓄、简约成大器、唯一做自我。从中我们还产生了自己的班训、班级精神、班歌以及班级诗歌等。平时见到的憨态可掬的熊猫是一种动物，但从来没有和班级文化联系起来，现在，我们有了创新的感觉。

第一次佩戴上银色的班徽，强烈的仪式感溢满我心。我环顾教室，看到同学们的喜悦、自豪、幸福洋溢在脸上。刘承鑫给张老师佩戴班徽，同学们相互佩戴，同学们将它和校徽别在一起，教室是欢乐的海洋。班徽在，我们就在；我们在，班徽就在。

家长留言：熊猫班级文化独特，创新意义深远，旨在将学生培养成全面发展的生命个体。班级文化建设很好地融入了丰富多彩的班级活动中，班级文化的影响力和感染力对学生的成长来说是巨大的，熊猫班级文化正是以这样一种积极向上、向善、向美的精神，激励和鼓舞着学生一路前行。

学生2：为了迎接新年，2020年熊猫班级的响应真是再热烈不过了，班主任Rabbit赐给我们每只小熊猫一枚熊猫班徽制作的胸徽，这是我们意外得到的礼物，这一枚胸章来之不易，凝聚了罗老师和家长的心血，用一个学期才设计出来。罗老师总是会给我们悄悄地准备一些含有熊猫徽章的礼物，这是老师的创意，说明她考虑了很长的时间。熊猫胸徽让我想起了圣诞节的当天，所有同学都回宿舍休息了，罗老师悄悄地利用午休时间在每个同学的桌子上发了一枚熊猫书签。熊猫书签上各种可爱的熊猫图案和文字表达了罗老师对全班同学的祝福，在书签的背面，罗老师还亲手写下了Merry Christmas。而这枚书签是来自10月老师去过的杜甫草堂。罗老师走到哪里都会给我们购买礼物，真是一个有心、有爱、有情、有趣的老师。

这一学期我们一直都在酝酿熊猫班级文化，在墙壁上、记录本上、绘画纸上、书架上、贴纸上，熊猫的身影随处可见。熊猫元素和熊猫精神渐渐地走进了我们班级的每一个学生心中，走进了我们的生命里，伴随着我们成长。

随后我们又领取了贺年卡，在贺年卡上的班徽是一只熊猫，在整个红色的贺年卡上显得特别有活力。我终于迎来了第一个本命年，在热闹、吉祥、喜庆的气氛中，2020年迈着矫健的步伐向我们走来。我爱熊猫1912，我爱我的熊猫妈妈。

家长留言：新年里祝福你成为一只努力向上的健康有情趣有修养的熊猫。

学生3：今天是2019年的最后一天，我们亲爱的罗老师用班徽做了一枚胸徽发给大家，并亲手为同学戴上，还鼓励其他同学互相戴上胸徽。这时我为成为1912班的一只熊猫而自豪。我将胸徽佩戴在校徽的上面，胸前两个徽标闪闪亮亮的，我开心极了。我们将在校园里与众不同，这是一个特别的日子！

家长留言：新的一年，新的起点，新的开始，过去的2019年已成为过去，希望在2020年能取得好的成绩，拥有好的身体，非常感谢熊猫班的老师们辛苦的付出，让我的孩子在这短短的一学期收获了很多，也成长了很多。这次回家孩子还给我们带来了熊猫新年贺卡。在孩子赠送贺卡给我们的时候，我们的内心充满了感动。班级文化在教育中走向千家万户，教育在班级文化中得到渗透。

学生4：随着时间的流逝，2020年已经轻轻敲着门，也许明早起来我们都会说今天便是2020年了。但是我心里还住着一个2019年，正是在2019年的金秋9月，我进入了新都一中实验学校，成为新都一中实验学校的学子，我进入了1912熊猫班，成为一个熊猫娃。

如果说一个国家有文化，一个民族有文化，一个学校有文化，一个家族有文化，我都不觉得奇怪，可如果说一个班级也有文化，那便觉得惊奇和意外了。可我们熊猫1912班就是这样不一般，我们的班级文化不是用来宣传、比赛或者显摆的，这种文化已经渗透到我们的骨子里，我们的班徽、班旗、班歌，无一不是我们1912班的象征，希望我们的班级文化源远流长。

家长留言：2020年做一只有规划的熊猫，成为班级文化的传承者。

学生5：新年到了，罗老师给每个熊猫宝宝定制了一枚含有班徽的胸徽。"漂亮时尚，主流文化！"这个徽章的中间是一只烤瓷的熊猫，眼神凝聚有光，黑白分明，它的周围是班训：自主、自立、自强，向上、向善、向美。罗老师把对我们所有的希望都凝聚在里面，希望我们都能成为具有班训品格的熊猫！

家长留言：感谢罗老师赠予的新年礼物！意义非凡，别具一格！希望孩子们都是勤奋好学、厚道载物、优秀品格的一实学子。

学生6：本周惊喜不断！我们班不仅有了自己的班徽，还有了独一无二的能够别在校服上的胸徽。当我拿到它时，第一感觉就是太拉风了！虽说我们大家为了班级文化建设付出了心血，但却没想到罗老师这么走心地为我们做了胸章，让我惊喜，让我骄傲！我要好好保存这份礼物。另外，我们还收到了班级特制的新年贺卡！独特精致，就像我们自己一样！

明天就是2020年，想想都激动，大家互相书写新年祝福。蓦然回首，时光流逝，我们相聚数月，快乐瞬间清晰可见！翘首远望，我们的未来如熊猫一样慢成长，享受学校慢教育，成为人生创客！

我理想的班级文化的缔造者应该是一个共同体，而不是班主任个人或者仅仅是学生。在这个共同体中，班主任领衔、学科教师、家长、学生一起参与设计、讨论、理解内化、时间验证、出品物化成果，等等。班级文化从顶层设计、建设过程到评价过程，都是这个共同体彼此打开思维、打开心灵、打开意志，围绕班级物质文化和精神需求而进行的共同感知、共同创造、共同进化的过程。

请欣赏我的数学笔记

办公室的门打开了，探进一个小脑袋，瞅见我就笑了，笑里有点怯怯的害羞。红宇靠近我，双手摊开一本笔记本，他说："Rabbit，请您欣赏我的数学笔记本！"他的两只眼睛闪着光芒，期待我的评价。我仔细翻阅笔记本，上面有最近的数学习题纠错，红黑两种色彩，整齐、整洁；有解题步骤，错题原因分析；有好题收集。从字迹可以看出他的学习态度，看过程如同亲临他的解题过程，再看看他的眼睛，如同希望的星空。我得仔细欣赏，认真欣赏，给他一份认可，送他一份虔诚，最关键的是让他感到我在用心。

当学生来找老师时，老师的态度、表情、言语、眼神对学生很重要。因为他们和老师一样，也在通过语言、表情、眼神，用心去感悟老师真诚与否，用心与否，爱他与否，他们心中和老师一样拥有面对面交流的恐惧，害怕老师拒绝、佯装关心，这些会伤害他们的心灵。

如果面对一个平时调皮捣蛋、多次交锋令人头疼的孩子，老师会采用明显的开放式交流，与学生一起绕来绕去，好像游戏一般，让孩子感觉到你为他解决了问题即可。可是面对平时就腼腆的小男孩，听话顺从，数学成绩又不太好的红宇，我唯有谨慎从事，看着他的眼睛，微笑着，表扬他的书写、推理过程、认真态度……他还时不时地给我讲解他的解题过程、完成纠错需要的时长、在纠错过程中遇到的问题、请教过的同学。以前他给我讲事情的时候，会不好意思看我，而这一次，他主动确认眼神，眼神里有一种放开后的自信。

其实这时候我的脑子里面满是数学老师对他的评价，对他的担心和焦虑。但是我没有说出半句话来。我奖励了他一枚班徽奖章，很郑重地给他粘贴在笔记本的扉页上。他开心地离开办公室回教室了。

我知道他这样做是真的不容易。他将笔记本拿给老师欣赏意味着从心理上克服了畏难情绪，主动自觉完成纠错，这是意识的逆转，将被动纠错变成主动纠错，效果完全不一样。他数学成绩不好，能主动走向老师，说明他克服了心里的恐惧，不仅想让老师成为一种无形的支撑力量，还渴望得到认可。他得到了老师的奖励，这是意外收获。我相信从办公室跨出那一刻到回到他的座位，他的内心飘扬着快乐和愉悦，也许就在那一刻，他重新燃起了学习数学的欲望，想征服数学，想在期末考试当中取得好的成绩。这是一种心理需求，这是一种精神需求，是由精神而激发出来的一种欲望。一枚小小的奖章，比任何说教都有用。而这枚奖章已经不再是一个物化的奖章，它已经变成了一个孩子精神的追求，变成了一个班级的精神引领。它是精神文化的一个部分。我多么希望更多的孩子能够拿着自己的作品向老师讨要奖章。只要能够支撑他们的内心去追求、战胜困难、弥补不足、积极向上，就是对孩子的鼓励。因为这些都是难能可贵的，当我们用尽办法想去激发学生的精神力量时，也许我们会显得苍白无力，可一个不起眼的奖章也许会起到比语言、比活动更重要的作用。

教育过程处处有教师的敏感和机智。红宇的故事教会了我作为教师对孩子的认可，激发孩子的精神力量，培植一棵棵精神树。只要笔记本书写美观、解题思路明晰、纠错及时、有图、有过程、有知识点链接、有理由，就会获得一枚奖章。从此，数学笔记本每天与我见面，被我查阅，优秀者、进步者均能获得一枚奖章。这样一来，学生积极性提高，主动完成纠错和好题收集，关注自己能否得到熊猫奖章。激励学生行动，源头在于激励学生的精神需求。

我心中理想的奖励方式就是不期而遇的奖励，让学生在期待中感到意外，在意外中感到惊喜，在惊喜中去反思"奖励的价值"。

智慧的母亲

最近和学生语言沟通时我看到了孩子的恐惧。一个男孩子哭泣着诉说母亲的唠叨让他想逃离、远走、躲避。在两个小时的沟通中，只要一谈到周末安排，就一句话："我想出去！在家待不住！我就是想出去！"然后就是很失望地哭泣，滚动的眼泪隐含了孩子心中很多的无奈和无助，甚至是恐惧。这是一个男孩子，无助而绝望的眼神让人心疼，他已经不止一次向我讲述妈妈的唠叨了。

孩子周末按照要求完成了作业，上了补习班。他尽管觉得补课的意义不大，但依旧听从父母的安排，坚持补课。每次补课期间还有作业，按照要求完成了任务，想出去和同学玩玩，家长不乐意了，变着法子阻止。每当这个时候孩子就疯狂地想出去走走，哪怕是短暂的时间也好。妈妈在一边阻拦，孩子在一边想逃离，母子冲突加剧。从孩子的语言描述、无助的表情和眼神、不断涌出的眼泪、断断续续的抽泣看出，孩子内心的恐惧不可忽视。

（1）母亲无策略性的唠叨是引发恐惧的根源。无论发生什么事情，都要唠叨半天，正面说了，反面说，变着法子唠叨只是家长发泄自己心中不满的一种方式。家长站在自己的立场发泄情绪，而忽略了孩子是否能够理解、接受，导致孩子恐惧，甚至开始怀疑家长是否诚信。

（2）母亲无原则的唠叨是引发孩子逆反的重要诱因。无论事情好坏，无论事大事小，漫无边际的唠叨、没有质量的唠叨往往会让孩子内心反感，长此以往，集聚在孩子心中的情绪不能够排解，会诱发逆反心理。曾经一个同学告诉我，他为了躲避妈妈的唠叨，努力考上一所最边远的大学，很久才回家一次，以这样的方式来回避妈妈的唠叨是我们不愿意看到的。母亲是一个家庭中精神家园的掌门人，何以接受这样的逃避？

（3）母亲不理解的唠叨枯竭了孩子的精神家园。渐渐长大的孩子渴望有自己的发展空间，有自主决定和自己处理事情的意愿。但是往往家长不放心，也不敢放手，总想掌控孩子的发展，遇到孩子不合作就产生误解，误解的结果就是唠叨的输出，促使孩子的内心越走越远。

曾经在班会课上谈及父母的唠叨时，原本是一堂很普通的家校合作引导课，不料却听到了好几个孩子的哭泣声，默默流下的泪水已经证明父母的唠叨触及学生的心灵成长。在他们的精神家园中，孩子还会像小时候那样将父母的唠叨作为一种信任、沟通、理解似的对话吗？

面对这样的尴尬和恐惧，家中的母亲应该如何做，才不至于让唠叨将孩子赶出精神家园呢？

（1）智慧的母亲，给孩子最合适的尊重。

在一个家长的校访交流过程中，孩子对妈妈的态度极为不好，有失礼貌和最起码的尊重。无论妈妈说什么，孩子就是看也不看她一眼，满脸的桀骜不驯，即便老师提醒，也不愿意妥协。待妈妈离开学校后，和孩子坐下来沟通，才知道妈妈平时在家对待儿子的态度也这样。只要儿子学习就百依百顺，只要儿子要出去玩就不乐意碎碎念。孩子说妈妈不尊重自己的选择，唠叨已经在孩子心中落下了烙印。

（2）智慧的母亲，用言传身教来影响孩子。

同样是这个孩子，他冲着母亲说话的样子是咬牙切齿，很凶。不了解内情的老师一定会认为学生不懂事，帮着妈妈一起教育他。殊不知，事后才了解到在家里母亲与儿子对话交流的常态是不分青红皂白就发脾气，极端情绪化。母亲的示范作用被这个孩子效仿。"我就要和她对着干！"其实孩子从小到大，模仿能力很强，家长的一言一行都是孩子的榜样，可见言传身教的重要性。

（3）智慧的母亲，懂得陪伴的意义。

无论何时，学生都是需要陪伴的。陪伴是亲子关系中的一个重要维度。智慧的母亲会让陪伴更具体、有内涵、有情趣、有意义。只有内容充实有趣、动静相宜的陪伴，才会让孩子感知到亲情的理解、宽容、支持和感恩。陪伴是最长情的告白。母亲不到位、不讲究策略、没有技术含量的陪伴如何可以征服孩子的心呢？在和孩子的一场场较量中，母亲是一个扮演多种角色的人物。

（4）智慧的母亲，知道低声高育。

在孩子的管理过程中，常常会遇到歇斯底里的妈妈，怒不可遏地诉说自己孩子的缺点，诉说自己如何辛苦对待孩子的衣食住行，结果孩子依旧不买账。他们习惯了自己传统的思维，大嗓门、无底线、不回避，用高声来压制孩子，以为可以达到教育的目的，事实恰好相反。智慧的母亲一定明白低声高育的策略，有时甚至一个眼神就能震慑住孩子。沟通交流的策略百花齐放，不妨试试低声高育。

（5）智慧的母亲，明白教育是家庭合力的体现。

一旦遇到管理的问题，智慧的母亲会寻求家庭成员的合力来解决孩子的问题。在寻求过程中尽量做到沟通在先、策略在沟通后、管理在策略后，就像医生给病人会诊一样，找到病症的根源再列出治疗的方案。孩子也一样，家庭成员事先沟通会诊给出药方，治病救人的效果也好些。

（6）智慧的母亲，重视孩子的学习和成长。

智慧的母亲不仅要看到孩子学习的重要性，在平时的管理中也要重视培养孩子的自主学习能力，面对成绩有正确的归因和评价，协作学校教育做最好的家庭管理。同样，要引领孩子去构建未来的成长发展计划，观察和发现孩子的兴趣点。除了学习之外，孩子还应该有很多的事情可做，有很多的知识可学习，生活中有大量可让孩子去实践的机会。千万不要认为学习才是孩子的唯一。

胡适先生说过，在家庭教育中，最重要的就是母亲，母亲的修养决定了孩子的教养，也决定了这个家庭是否和顺。母亲的行为举止、思想品德，容易在子女心灵上留下深刻的烙印，逐步形成善与恶、真与假、好与坏、是与非的最初概念。

民主的班级管理

今日我读李镇西老师的书《做最好的家长》，李老师提出，让每个家庭成为民主教育的摇篮。启发于心中，借其标题拾笔而起，直抒班级民主教育，便一发不可停笔，仿佛一支定海神针直插入我的心脏，促使我用我的笔讲我的班级故事，以及因民主而幸福的管理。

一、民主的班级教育——告别班规

2017年9月，从教26年来第一次中途接班，经过一番激烈的思想斗争，我最终说服了自己——接受也是一种成长。报到当天，我走进教室，打扫卫生，迎接新生，早到的学生、家长自觉配合动手清理教室。打扫卫生、整理书柜、布置黑板、报到注册，井然有序。在我简单介绍了自己的工作经历和教育理念之后，家长们告别孩子回家了。望着远去的背影，我这个后班主任妈妈便正式上岗了。

第一堂课，我站在讲台上扫描了一遍，警惕的眼神表明彼此都在想对方会有什么重拳出击。我果断地提出，取消所有的班规，根据班级建设需求，设立不同的管理岗位，人人都是管理者。

因为不了解新生，每一项决定不存在偏心，更容易树立班级全员民主参与的意识，每个学生都是班级管理的CEO。我首先提出了民主参与的条件：全员参与，全员管理，全员CEO模式。同时提出了第一批管理岗位，正副常务班长各一名，语数英物科代表各四人，学习、体育、劳动、宣传、宿管委员各两名，音乐美术、政历地生科代表各一名，共计17个岗位，报名时间两天。我给学生时间思考、比较选择。只有走心的关注和决定，才能选出未来有执行力的CEO。入选的CEO一定要有执行力和领导能力，而且是心甘情愿为班级服务的管理人才。民主的班级管理是锻炼学生执行力和领导能力的最佳场所。

第一批班委诞生了。他们自主讨论，确定个人分工细节，形成个人档案。

第二批管理岗位是针对教室管理的。前门、前窗、后门、后窗、前黑板、后黑板、饮水机、讲台、电源灯、风扇、前座、书架前、右书架、后书架、扫地拖地、摆放桌椅、前后教室门钥匙，共计17个岗位。学生自愿选择，形成文本档案。全班52个学生，18人待定！第一、第二批岗位是为了尽快让班级管理运转起来，走上正轨，预留岗位是管理人员的留白。

教室墙上贴了一张打卡记录表，每天将管理学生完成任务的结果打卡上墙，全员监督，班主任坚持首月检查后，将任务转交给班长，让他们根据班主任首月的示范来管理他们手下的CEO，这一招很管用，一直延续至今。离开班规，全员参与民主管理的模式就这样诞生了，而且运转顺利。没有了班规条条框框的约束，才是真正地走向民主的自主管理。跳出班规后的自我约束管理是民主管理的基石。

二、民主的班级教育——尊重

民主的班级教育意味着尊重学生的心灵世界。说起尊重，说起心灵世界，似乎永远都是难以承受的话题。它不是可以量化的技术活，但真要尊重学生的心灵世界，却是非要有技术和艺术含量才行，尊重学生就要尊重学生的心灵世界。

五三制学生，有其特殊性，小学五年级结束考入初中。特殊的年龄群体，特殊的选择，参与到标准一致的评价考试中。从2005年至今，我任教四届五三制学生。他们幼稚、吵闹、幻想、不务实，却又可爱、聪明、灵动、善良而友好。像松鼠一样，随时闪现在你面前，各种纠结的情绪，其实就是他们的心灵世界。从早到晚，耳闻喧哗，目睹热闹，肆无忌惮的真挚，握手言欢的欢笑，寝室里的迷藏，他们对老师没有半点设防。他们缺少六年级学生的稳重与定力，因此在班级管理中，我要尊重他们的特殊性。他们多面的性格需要老师多元的高技术含量处理方式，面对他们的种种表现，多元的奖励方式将孩子们从一个巅峰送往另一个尊重的高地。

尊重学生的心灵世界，就要给他们的心灵空间留白。那神秘的一笑、那悄悄的举动、那冷不防出现的秘密隐私大曝光、桌子上的留言、流动的便签本、记录心事的笔记、稍不留意传出的各种绯闻，比六三制学生小一岁的孩子，他们的心灵空间广阔无垠。家长们认为孩子们对老师会敞开心扉，班主任会认为学生对科任教师更容易敞开心扉。事实上，学生都具有两面性，对同龄人会敞开心扉，对成年人会封闭自己，哪怕很小的一件事都可以很神秘，让人百思不得其解。那窃窃私语的女生，羞怯的言行，懵懂男孩的顽皮，生活中的各种尴尬，都体现了学生心灵空间的秘密和隐私，如果我们不给他们的空间留白，就等于没有尊重他们的心灵，就会产生代沟。他们应该有自己的爱好，追求思想发展的自由。教师可以通过悄悄话、一封家书、一张致歉卡，引导学生与自己的心灵对话，与父母对话，与同龄人对话。

尊重学生的心灵世界，就要善待叛逆的心理与行为。五三制学生那迟迟来到的青春逆反总是让人焦虑。当六三制初二学生进入青春逆反期时，他们依旧在童年的梦幻中徜徉，像一个没有断奶的孩子一样依恋家人和老师，还私底下笑话别人少年老成。王蒙在《青春万岁》中描述，人的第二次诞生总是姗姗来迟。当初三学生进入安全期，投入毕业战斗时，他们的叛逆就带有强烈的家族遗传基因，家长头疼，班主任如履薄冰。为此，我在班上开展一系列与青春期奋斗有关的话题活动："初三学生规划""你奋斗的历程，我幸福的收获"，引导学生为中考毕业努力；"我的青春我做主"，引导学生自我规划学习、生活和爱好；"让我的存在给你带来幸福"，引导学生培养为小组、为班级、为家庭而奋斗的责任感；"告别童年，牵手青年"，告诉孩子们成长必然是走向成熟；"我眼中的自己"，学会悦纳自己；"我眼中的同桌"，让学生学会与同学交往与合作；"我眼中的老师"，让孩子们铭记师恩。

遇到叛逆行为就在校园里那一圈圈的人生跑道上沟通，用思维导图找优点、找差距、找解决问题的办法，产生共情体验。班主任勇敢地接受叛逆的孩子，学习不好的就发展个性与爱好、艺术与追求；缺乏意志力的，就陪伴他们纠缠数学物理，朗读英语。我遇到过好几例对学习毫无追求的孩子，我会给他们准备画册、世界名著，让他们做自己觉得有意义的事情，他们有的最后考上了美术绘画专业，有的成为网络写作高手，这也是孩子的成功。叛逆不可怕，它是学生心理、生理冲突发展的产物，是人生观、价值观、世界观形成之初的认知冲突，班主任应站在公平立场上接受它，语言温和，充满关爱，行为善待，充满理解。我觉得班主任就像是学生的娘家人，带着委屈来带着幸福去，留给老师的是坚持不懈的盼归与守望。

三、民主的班级教育——平等

李镇西老师说："家庭中的平等气氛，对子女是一种润物无声，潜移默化的民主教育。"对于班级教育，同样需要平等。班主任对学生的平等源于自身的教育情怀。我喜欢教育，喜欢班主任工作，在我的内心，每一个孩子都应该得到班主任的平等对待，这样才更有助于实施班级管理教育。在学生的日记中，有班委工作的艰难，有同学的不理解，有难过，有对老师提出意见的……当学生谈及这些的时候，也是在呼唤平等、民主、尊重，这是他们自我意识的觉醒，是成长的信号。平等意味着公平讲理。

班主任对学生的平等还体现在勇敢地承认自己的错误。到了一定年龄，遗忘的事情经常发生，在课堂上，知识失误难免，为此我也苦苦弥补。有一天，我在教联合国教科文组织的英文时，按照字母的含义介绍了每个单词后继续上课，突然一个孩子大声说："老师你错了。"他拿着词典，勇敢地念出了正确单词，瞬间我的脸滚烫起来，但是我说出的话却是诚恳而发自内心的歉意。当着全班同学，我也勇敢地说了一声对不起，并工整地将单词板书在黑板上。我们两人都获得了掌声。误解学生了我会及时而诚恳地向学生道歉，求得谅解，从而达成新的共识。有时候教师会觉得比较尴尬，那是放不下自己的面子。事实上，学生看到了老师的诚意和态度后，他们也会改变，教师是学生示范的榜样，学生也是教师的镜子，以我之歉意换取平等与信任是非常值得的。师生彼此成为贵人。

四、民主的班级教育——学生有选择的权利

首先，学生应该有选择权。在充满民主平等理解的班级中，学生的选择权往往更多更重要。运动会的参与项目选择，文艺活动的组织与设计，黑板报内容与形式的构建，课外走班活动的融入，教辅资料，一日三餐，课外阅读，交友对象，服饰文化，爱好，等等，都是选择。学习的状态与方法，奋斗的历程，与竞争对手的较量，成为什么样的人，该拥有什么样的三观，未来考取哪一所学校，都在学生选择的范围之内。

其次，民主的班级教育要鼓励学生行使正向的选择权。在生涯规划中选择喜欢而有兴趣的爱好、适合的学法、多元的课程，以及核心素养价值观等

正向选择，有利于培养和提升学生的品行修养，陶冶学生的情操，让学生形成正向的价值观。

最后，民主的班级教育要激励学生自主选择历练自己。老师外出培训，按常规应该安排代课老师上课，但学生选择自学一周的数学课。科代表与老师一起制订了详细计划、自修内容、习题与讲解负责人等。从周一到周五，学生按照计划实施，自主预习教材，完成相应练习，在讨论中谋求思维的碰撞。在评讲阶段，我看到了学生的能力，我把学生自学的视频传给数学老师。男生评讲有理有据，逻辑思维很强；女生语言干练简洁，用问题来提醒学生思考。真是一个个好老师苗子。十个学生完成了四节课的讲评，并监督同学们改错和分析理由，检查每一个学生的笔记。学生自主选择就是在培养学生的自主学习和展示自己的能力。

通过选择，学生完成了许多自己喜欢的活动。英文剧本表演，讲述英文童话故事，物理十分钟复习，英语和语文群文阅读，数学物理课外读物探究，都浸润了学生的选择与能力。当学生有了选择的主动意识，就会带来全身的能量，主动选择学习、生活和交往，我们教育的目的就是培养学生适应社会的能力。

五、班级民主管理要注意的误区与反思

班级民主管理不是完全自由的民主，而是有约束的民主。班主任正确引导学生构建良性的民主意识，不是宽泛的毫无限制的民主自由，要避免学生以民主管理为借口的为所欲为。

班级民主管理不是班主任的独角戏，而是人人参与的教育共同体，是班主任为龙头，学生、学科教师、家长共同参与的一艘教育之舟。班主任和学科教师是总设计师，学生是执行者，家长是配合者。舟行千里，众人使力。

班级民主管理不是单行道，而是双向选择。民主不是单一方向，不只是从教师到学生，还需要有自下而上的民主意识培养。在执行中，师生双向、学生之间的双向也是重要的环节。

教育爱

　　第一次读到"教育爱"三个字，是在范梅南著的《教育的情调》的序中，"学校应当被孩子视为'我们的学校'，而'老师绝不能像一个过路人，一个警察或者一个朋友那样看孩子。老师必须以教育学的眼光看孩子，这就是说，作为一个保护、培养孩子的观察者，老师要意识到正在成长的孩子的存在'，一定要让孩子感受到老师的'在'，而这就要求我们关注孩子，给孩子希望，更开放、更宽容地与孩子相处。"

　　这让我突然想起了自己的亲身经历。我站在教室里面，数学老师进来了，他拿了一袋大白兔奶糖准备奖励给孩子。成绩好的孩子都得到了一颗糖，我也得到了一颗糖，因为作为班主任的我，从来没有自私地只顾自己的英语学科，而是协助数学老师帮助学生学习数学、整理习题、批改数学纠错笔记本……在我看来，初中阶段，"得数学者得天下"，所以一直以来我都会统筹规划携手科任教师，引领学生整体全面发展。

　　我手里握着一颗糖，心里甜滋滋，学生和科任教师都认可了我的奉献、我的"存在"。"我做故我在！""我要让孩子们感受到我的陪伴一直存在。"我在教室里转悠，习惯性地转悠，会发现很多平时不能发现的"存在"。观察就在这个时候发生了，故事也就开始了。

　　一个女孩，安静的女孩，在课堂上从来不会多言多语，看不到她夸张的姿态，听不到她发出高分贝的声音。她此刻很安静，眼睛看着桌子一角，有一丝忧郁。她周围的好几个孩子都沉浸在喜悦中，唯独她不同。我不动声色地走近她，将手掌打开，悄悄地塞了一颗糖到她的手心。几乎没有人看到我们的动作，我走开了，不再提及此事。

　　两周后的一篇日记里，她写下了这样的一段文字："一颗糖，悄悄走进了我的手心，走进了我的内心，熊猫妈妈怎么就知道我想得到一颗糖呢？那时我很无助，别的同学都有糖，我没有。但是她发现了我的存在，发现我需要内心的抚慰，一颗糖连着我和她。从此我便明白一句话——我在，老师就在！"

奖励是少数人的盛宴，可是教育应该是属于所有孩子应该有的必备单品。奖励之前是少数人的荣耀，奖励之后是多数人的黯然神伤。奖励需要赋予特殊的教育爱，才能淡化"少数人的盛宴"的消极影响。

一颗糖就是孩子眼中的教育爱，简单到不能再简单的一颗糖却是孩子心中的伟大事物。教育爱意味着教育者对于学生道德与人道方面的责任，以及合乎每一个儿童个体发展实际的教育性陪伴。

老师对学生的爱，一定会蕴藏着教育者的生命的存在，辐射着教育者的温度，散发着教育者的气息，涤荡着教育者的情感，燃烧着教育者的思想。一次次生命中蕴藏的温度、气息、情感、思想的融合，就会组合成婉转悠远的人生河流。